Adam Af Bremen Och Hans Skildring Af Nordeuropas Länder Och Folk ... - Primary Source Edition

Sven Erik Lönborg

ADAM AF BREMEN

OCH

HANS SKILDRING AF NORDEUROPAS LÄNDER OCH FOLK

AKADEMISK AFHANDLING

AF

SVEN LÖNBORG

TRYCKT HOS
HARALD WRETMAN, UPPSALA,
1897.

Alltsedan Adams af Bremen kyrkohistoria på 1500-talet utkom i tryck, hafva ej få författare gjort densamma till föremål för behandling. En mera ingående kritisk undersökning gjordes dock först af *Lappenberg*, dels i hans utmärkta edition af Adam i Monumenta Germaniæ (ny ed. in usum scholarum Hann. 1876), dels i hans grundliga afhandling »Von den Quellen, Handschriften und Bearbeitungen des Adam v. Bremen» i 6:te bandet af Archiv f. ält. deutsche Geschichtskunde (s. 766—872). Någon nyare, mera sammanfattande framställning af specielt Adams geografiska vetande om Norden, särskildt i sammanhang med den föregående tidens geografiska kunskaper, saknas ännu [1]. Föreliggande afhandling utgör ett försök i denna riktning.

Då Adams ställning i geografiens historia för mig varit en hufvudsynpunkt, var det nödvändigt att egna ett kapitel åt en framställning af de i Vesterlandet i allmänhet rådande geografiska föreställningarne före Adam, samt ett annat åt den speciella kännedomen om Norden under samma tid, hvarvid jag så vidt möjligt gått till källorna. Hvad angår kap. I har jag bland nyare arbeten särskildt användt *Zöckler*, Die Beziehungen zwischen Theologie und Naturwissenschaft, *Günther*, Die Kosmo-

---

[1] *Günthers* Adam v. Bremen (1894) är endast en kort öfversikt och för öfrigt alldeles full af felaktigheter. Långt bättre är en liten latinsk afhandling af *Bernard*, de Adamo Bremensi Geographo, Paris 1895, men den innehåller föga nytt utöfver hvad Lappenberg gifvit. Att äfven denna afhandling särskildt beträffande Norden innehåller en del oriktigheter, är ganska ursäktligt.

graphischen Auschanungen des M. A. (Deutsche Rundschau f.
Geogr. IV), *Kretschmer*, Die Entdeckung Amerikas samt *Peschel-
Ruge*, Gesch. d. Erdkunde, förutom i noterna anförd special-
litteratur. Hvad beträffar kap. II har detta ämne på svenska
förut flerstädes behandlats, så t. ex. af *Geijer*, Svea Rikes
Häfder, Ups. 1825, s. 52—111 (hufvudsakligen med ledning
Schönings undersökningar i Schlözers Allgem. Nord. Gesch.), och
senast af *Ahlenius*, Olaus Magnus, s. 1—25, men då jag i åt-
skilliga punkter har en afvikande uppfattning, har det synts
mig nödigt att äfven härvidlag efter källorna göra en kortare
framställning af hufvudsakerna.

Angående källorna till Adams arbete får jag hänvisa till
Lappenbergs ofvan anförda arbeten. Endast där jag i en eller
annan punkt från honom afviker, har jag inlåtit mig på denna
fråga. Hvad särskildt beträffar de i geografiskt afseende viktiga
skolierna har jag utgått från Lappenbergs åsikt (Archiv s. 875)
att de fleste äldre härleda sig från Adam själf, något som i
vissa fall med full tydlighet framgår. Endast för så vidt verk-
liga skäl tala emot Adams författarskap anser jag, att man kan
frånkänna honom detta.

Beträffande det lilla man vet om Adams lefnadsförhållanden
har jag ansett nödigt att i kap. III göra en skizzerad öfverblick.
Här har jag också gifvit en kortfattad framställning af hvad
man kan sluta sig till beträffande Adams bildning och geogra-
fiska förutsättningar i allmänhet.

Hvad slutligen angår den speciella redogörelsen för Adams
geografi har jag i min framställning så vidt möjligt följt gången
af Adams egen skildring, i det jag endast, där det för samman-
hanget varit oundvikligt, sammanfört hans uppgifter på något
annat sätt. Så behandlar jag i kap. IV Saxonia och Fresia, i
V Sclavonia, i VI Dania, i VII det Baltiska hafvet, i VIII
Sueonia, Norvegia och kringliggande länder samt i IX Vester-
hafvet och därvarande öar. Beträffande källorna för denna fram-
ställning får jag hänvisa till noterna. Af viktigare moderna arbeten
har jag användt bl. a. *Schafarik,* Slav. Alterth., *Zeuss,* Die

Deutschen, och *Müllenhoff,* Deutsche Alterthumskunde. Så mycket
som möjligt har jag dock hållit mig till originalkällorna. Någon
fullständig kritik af alla möjliga från mina afvikande meningar
har jag ej heller annat än undantagsvis ansett mig böra göra
för att ej öfver höfvan förlänga min afhandling.

I kap. X har jag slutligen gjort en öfverblick af kännedomen
om Norden under tiden närmast efter Adam, en framställning,
som ej kan göra anspråk på någon ens öfversiktlig fullständighet,
då jag ej kunnat tillräckligt ingående undersöka de uppgifter,
som sporadiskt förekomma i tidens krönikor beträffande denna
i många afseenden högst intressanta fråga. —

Af de krönikor, som i noterna citeras, har jag mestadels
användt senaste tillgängliga upplagorna i Monumenta Germaniæ
och Geschichtsschreiber der deutschen Vorzeit. Af andra har
jag användt editionerna i Scriptores Rerum Brittannicarum (S.
R. B.) och Scriptores rer. danic. (S. R. D.).

Uppsala i April 1897.

Sven Lönborg.

INNEHÅLL.

De geogr. föreställningarne i allmänhet under den äldre Medeltiden. Den senare antiken s. 1. Isidorus Hispalensis s. 4. Beda s. 5. Araberna s. 13. Gerbert s. 13. Verldskartorna s. 15.

Kännedomen om Norden i Vesterlandet före Adam af Bremen. Plinius s. 18. Tacitus s. 21. Jordanes s. 24. Paulus Diaconus s. 26. Ravennageografen s. 29. Dicuil s. 31. Einhard s. 32 Geographus Bawarus s. 33. Alfred s. 34. Ottar s. 36. Wulfstan s. 39. Araberna s. 41.

Adam af Bremen. Allmänna geografiska förutsättningar. Härkomst, uppfostran m. m. s. 42. Resa t. konung Sven s. 43. Hans kyrkohistoria s. 44. Allmänna geografiska förutsättningar s. 45.

Adams skildring af Nordeuropas länder: Saxonia. Frisia. Källor för hans skildring s. 48. Egna uppgifter s. 49. Frisia s. 51. Transalbingien s. 52. Hamburg s. 53. Bremen s. 54.

Fortsättning: Sclavonia. Källor s. 56. Namnets omfattning s. 57. »Vinuler» s. 58. Vagrier s. 59. Obotriter s. 61. Polabinger och Lingoner s. 63. Varnaber och Vilzer s. 64. Hevelli, Leubuzzi, Vilini s. 67. Sorabi, Susi s. 69. Oddara s. 70. Jumne s. 71.

Dania. Namn s. 79. Egidore s. 80. Judland s. 81. Funis s. 87. Öfriga mindre öar s. 88. Seland s. 89. Slafhandel s. 91. Sconia s. 93. Pleicani, Hulmus s. 96.

Baltiska hafvet och kringliggande länder. Namn s. 97. Utsträckning s. 98. Delar s. 100. Natur af vik s. 101. Pomerani, Fembre s. 101. Reune s. 102. Semland s. 103. Ruzzia s. 107. Wizzi m. fl. s. 110. Polani, Behemi m. fl. s. 113.

Sueonia, Norwegia och kringliggande länder. Scritefinni, terra feminarum m. m. Namn s. 115. Westragothia, Vermilani. Finnedi s. 116. Ostrogothia s. 117. Birca s. 119. Sictona, Ubsola s. 121. Afgudafester s. 123. Scritefini s. 127. Lappar s. 130. Amazoner s. 130. Hundhufvuden s. 137. Andra monstrer s. 139. Estland och Kurland s. 139. Norwegia s. 142. Herdelif s. 145. Begrafningsbruk s. 146. Djurlif s. 148. Ripheiska bergen s. 149.

Vesterhafvet och där belägna öar. Nordpolsfärder. Namn och omfattning s. 151. Helgoland s. 152. Brittannia o. Hibernia s. 157. Segelanvisningar 158. Hafvet i norr s. 161. Thyle eller Island s. 162. Grönland och Halagland s. 166. Vinland s. 168. Nordhafvet; nordpolsfärder s. 170.

Slutord. Kännedomen om Norden efter Adam af Bremen. Nya impulser s. 195. Mattheus Paris., Geographia Universalis s. 177. Aeneas Sylvius s. 181.

I.

De geografiska föreställningarne i allmänhet i Vesterlandet under den äldre Medeltiden.

Med det vestromerska rikets förfall gick äfven den vesterländska vetenskapen sin undergång till mötes. I själfva verket· hade denna dock redan långt förut varit i tillbakagående. Redan omkring midten af det andra århundradet e. Kr. synas vetenskapliga framsteg hafva upphört och efter denna tid inträder förfallet med allt raskare fart. Särskildt märkbart är detta beträffande kosmografien. Man möter här efter den tid, då den antika jordkunskapen uppnådde sin högsta blomstring och som betecknas af de lysande namnen Strabo, Mela, Plinius och Ptolemæus, i Vesterlandet ej ett enda namn af någon betydelse inom geografiens historia. Det enda som gjordes var att man på grundvalen af nyssnämda och andra grekiska eller senlatinska författare sammanskref smärre populära kosmografier, innehållande ett vanligen med föga urskillning verkstäldt urval af tidens· geografiska vetande. I början använde kompilatorerna såväl de grekiska som de latinska geografernas arbeten, men ·så småningom utdog i Vesterlandet allt mer kännedomen af det grekiska språket, hvarigenom man blir uteslutande hänvisad till de latinska författarnes skrifter. Ptolemæus går för århundraden förlorad för den vesterländska kulturverlden och *Plinius* blir under lång tid nästan den enda källan för det geografiska vetandet. Under det fjärde århundradet träffar

1

2

man ännu ett par skriftställare som känna till och använda sig af den grekiska litteraturen och Ptolemæus, nämligen Marcianus af Heraklea [1] och Ammianus Marcellinus, men dessa äro också de sista [2]. Ungefär samtidigt med dessa båda författare var det som den kompilation skrefs, som för Vesterlandets geografiska vetande skulle spela en långt viktigare rol än något annat arbete, nämligen *C. Julii Solini Collectanea rerum memorabilium* [3], en kortfattad populär jordbeskrifning, uteslutande byggd på latinska källor, hufvudsakligen Mela och Plinius, med ytterst få egna tillägg [4].

Solini arbete tillfredsstälde tidens smak och vann stor popularitet. Det dröjde ej heller länge förrän det efterföljdes af andra arbeten efter liknande plan. I början af det följande århundradet skref *Paulus Orosius* sin *historia adversus paganos* [5], hvilken tillika innehåller en kort jordbeskrifning, som förtjänar uppmärksammas då den jämväl stöder sig på andra arbeten än dem Solinus användt. Samma tid tillhöra äfven *Marcrobii* kompilationer i skilda vetenskaper, och längre fram under samma århundrade skref *Martianus Capella* [6] sitt arbete *de nuptiis Philologii et Mercurii et de VII artibus liberalibus*. Detta verk, som under hela Medeltiden åtnjöt stort anseende, var en sammanfattning af tidens vetande i de mest skilda ämnen och inne-

---

[1] Hans viktigaste arbete, Periplus maris exteri, (*Müller*, Geographi Græci minores I s. 515 ff.) är hufvudsakligen skrifvet efter Ptolemæi förebild. *Richthofen*, China I s. 624. Ingen af dessa förf. kan dock egentligen räknas till den Vesterländska litteraturen.

[2] Märkas bör dock att *Jordanes* har åtskilliga från Ptolemæus hämtade uppgifter, men han har den möjligen ur andra hand. *Jordanes* ed. Mommsen s. XXXI.

[3] Ed. *Mommsen*, Berol. 1864. — Ny edition år 1895.

[4] »Bonum factum quod hæc sunt perpauca». Mommsen; *Solinus* s. XI.

[5] Arbetet har äfven den egendomliga titeln Hormesta, som säkerligen är ett skriffel i stället för »de miseria mundi». *Orosius*, ed. Migne s. 642.

[6] Ed. *Kopp*, Frkf. 1836.

3

håller bland annat en kortare jordbeskrifning, som jämte Solini arbete var den mest lästa geografiska handbok under den följande tiden. Ej obetydlig spridning hade äfven andra arbeten af liknande innehåll, hvaribland må framhållas de som författats af de under samma århundrade lefvande *Priscianus* och *Julius Honorius*, hvilken senare är en af hufvudkällorna för den s. k. Aethicus Istricus i en senare tid affattade kompilationer[1].

De nu nämda författarne bilda öfvergången från den tid, under hvilken den klassiska forntidens vetenskapsmän betraktades som högsta auktoritet, till den, hvarunder de kristna lärosatserna bildade medelpunkten för den vesterländska kulturens åskådningssätt. De gamle författarne råkade allt mer i glömska och de nyssnämda bearbetningarne blefvo tillika med några af de senare kyrkofädernas skrifter den hufvudsakliga grundvalen för den lärda bildningen i Vesterlandet under den följande perioden. Det kulturarf, som det vestromerska riket lämnade åt de inträngande germanska folken, var sålunda härvidlag ej öfver höfvan stort och det måste rättvisligen erkännas, att dessa folk synnerligen väl skött det pund som blifvit dem anförtrodt.

* * *

Encyklopediska arbeten voro utmärkande för den senare antiken, och denna litteraturform accepterades jämväl af de författare, som i de nybildade germanska staterna fingo på sin lott att bevara resterna af den antika verldens vetande. Det dröjde dock länge innan några författare af någon betydelse här framträdde. Endast inom det östgotiska riket i Italien möter man en kort tid af vetenskaplig blomstring, men denna kan snarare betraktas som den antika vetenskapens aftonrodnad än som morgonrodnaden

---

[1] *Kretschmer*, Die Entdeckung Amerikas s. 97. *Richthofen*, China I s. 623 ff. Aethicus skref sannolikt i förra hälften af 800-talet. *Wattenbach*, Deutschlands Geschichtsquellen I⁶ s. 111.

4

af en ny tid. Östgotariket gick i spillror och Italien trädde ännu en gång i nära förbindelse med den grekiska kulturverlden.

Goterna i Spanien fingo sig beskärd en längre tillvaro och här är det som under sammansmältningsprocessen mellan romare och germaner framträder en bildning, som omisskänneligt bär den medeltida prägeln. Särskildt är detta förhållandet med kosmografien, som här representerades af en man, hvilken väl kan betecknas som den inflytelserikaste af alla den äldre Medeltidens skriftställare på detta område, nämligen den i början af det sjunde århundradet lefvande biskopen *Isidorus af Sevilla*[1], en lärjunge till Augustinus och Gregorius den store. Han är en af de första i den långa rad af medeltida författare, som kritiklöst afskrifva och kompilera sina föregångare oftast utan något försök till att själfständigt sammanarbeta materialet. Huru lågt man än från vår vetenskapliga ståndpunkt måste sätta ett sådant tillvägagångssätt, var det, om man betänker, huru få förutsättningar man den tiden egde för ett fruktbärande vetenskapligt arbete, tvifvelsutan det, som för framtiden blef af mesta gagn, då härigenom åtminstone fragment af antika författare till en senare tid bevarades och spriddes, hvarigenom sammanhanget med den antika kulturen bevarades bättre än eljes blifvit förhållandet. Äfven för oss har afskrifningsmetoden haft sin stora betydelse, då därigenom ej få fragment af eljes förlorade författare i temligen autentisk form bevarats till vår tid. — Riktigt skildrar en samtida[2] Isidors betydelse, då han säger att Gud uppväckt honom för att i Spanien återupplifva minnet af antiken på det att ej tiden helt och hållet skulle förfalla till okunnighet och råhet. Och denna betydelse har Isidor haft ej blott för Spanien utan

[1] Jfr *Zöckler*, Geschichte der Beziehungen zwischen Theologie und Naturwissenschaft, Gütersloh 1877. I 244 ff.

[2] Braulio från Cæsaraugusta, hvilken Isidor tillegnat sina Etymologier. *Werner*, Beda der Ehrwürdige und seine Zeit, Wien 1875, s. 34.

5

för hela Vesterlandet. Hans hufvudsakligen från Plinius hämtade kosmografiska framställning spelade en ofantlig rol och var under lång tid framåt hufvudkällan för de följande kosmografierna, jämväl för den viktiga framställning, som gjordes af Beda Venerabilis.

* * *

Förhållandena i Spanien voro ej gynsamma för uppkomsten af något vetenskapligt lif och dessutom dröjde det ej länge förrän möjligheten för uppblomstrandet af en vesterländsk odling här alldeles omintetgjordes genom slaget vid Jerez[1]. Den kultur, som sedermera i Spanien uppkom, berodde på helt andra förutsättningar och kunde under lång tid ej utöfva något inflytande alls på Vesterlandets vetenskapliga bildning. Spanien indrogs i den österländska kulturkretsen och Vesterlandets odling fick skapa sig andra medelpunkter. Det frankiska riket kunde ej ännu blifva en sådan medelpunkt. Frankerna hade ännu fullt upp med arbete om de skulle fylla sin förnämsta uppgift att som den vesterländska kristenhetens soldater skydda densamma mot fiender i norr och söder. Vetenskapligheten fick undan krigsbullret taga sin tillflykt till de undangömda klostren på de brittiska öarne längst i nordvest.

Ett af de märkligaste af de här belägna klostren var det i senare hälften af det sjunde århundradet grundade dubbelklostret Weremouth-Yarrow i Northumbrien. Dess grundare var biskop Benedictus, som ej mindre än fem gånger besökt Rom och såväl därifrån som från galliska kloster hemfört ansenliga bokskatter och därigenom möjliggjort det betydliga litterära arbete som inom dessa klostermurar utfördes. Det var nämligen här som den store *Beda*, kallad den vördnadsvärde, lefde och författade sina många arbeten (672—735).

---

[1] Det asturiska riket har dock att uppvisa en och annan författare af betydenhet t. ex. Beatus, om hvilken mera nedan.

Vi hafva här endast att sysselsätta oss med de af Bedas arbeten som hafva kosmologiskt eller kosmografiskt innehåll [1] och det torde vara lämpligt att något närmare ingå på Bedas kosmografiska uppfattning just emedan denne på detta område är synnerligen karakteristisk samt jämväl en af de mest framstående under hela den förskolastiska perioden.

Bedas i kosmografiskt afseende viktigaste skrift är den förutnämda »de natura rerum», ett af hans tidigaste arbeten. Denna, som omisskänneligt har sin förebild i Isidors skrift med samma namn, ger i 51 korta kapitel en öfversikt af den fysiska geografien. Utgående från bibelns skapelsehistoria behandlar Beda här himlakropparne och andra företeelser på himlahvalfvet, öfvergår så till luftens fenomen, haf, floder, fördelning af vatten och land på jordytan och slutar i 51 kap. med några ord om jordens indelning i de tre verldsdelarne.

Himmelen beskrifver Beda [2] efter Isidor såsom en konvexsfer som roterar kring den i medelpunkten liggande jorden med en oerhörd hastighet, hvilken dock i viss mån motverkas af planetsferernas motsatta rörelser. Polerna, kring hvilka himmelen roterar, sägas vara »glaciali rigore tabentes». Nordpolen och dess stjärnbilder synas för nordborna öfver deras hufvuden, men synas till följd af jordens rundning längre ned för dem som bo sydligare och i vissa trakter af Indien endast 15 dagar om året [3].

Jorden indelas [4] i fem zoner, *circuli*, hvaraf septentrionalis, australis och æquinoctialis äro obeboeliga, solstitialis och brumalis beboeliga. De tre mellersta zonerna åtskiljas genom årstidernas olikhet, då den första zonen (solstitialis) upplyses af solen vid (sommar)-solståndet, den andra under

---

[1] Nämligen de natura rerum, de temporibus, de temporum ratione. Jfr *Werner*, Beda der Ehrwürdige 107 ff.

[2] De nat. rer. c. V, VI.

[3] Efter Plinius, Hist. Nat. VI c. 19.

[4] De nat. rer. c. IX.

æquinoctierna och den tredje under vintern. Däremot tror han, något som förtjänar att framhållas, då det visar huru föga till och med en Beda kunde tillgodogöra sig det vetande han från antiken hämtat, att polarzonerna aldrig beröras af solen[1]. Därföre finner man också — tillägger han — efter en dags segling norr om ön Thule hafvet tillfruset. — Den kalla sydzonen täckes af fastland.

I kap. X omtalas de fyra väderstrecken, som Beda efter Isidors föredöme ger namnet *climata*, ett namn som på hans ståndpunkt var rätt förklarligt, ity att han med väderstreck förstod något annat än vi därmed mena. Han säger nämligen att det östra klimatet sträcker sig från solens solstitial- till dess brumaluppgång, det södra från dess brumaluppgång till dess brumalnedgång, det vestra från dess brumalnedgång till dess solstitialnedgång och det norra från dess solstitial- nedgång till dess solstitialuppgång. Dessa klimat, tillägger han, förblifva blott för innevånarne i de mellersta zonerna städse desamma, men längre i norr vexlar deras storlek under de olika årstiderna.

I de följande kapitlen omtalar Beda de på himlahvalfvet fästade stjärnorna och de mellan dem och jorden varande sju planeterna, som följa en mot himlahvalfvets rörelse mot- satt riktning, ehuru de i viss mon måste gifva efter för den- samma. Vidare skildrar han planeterna och deras omlopps- tider, nästan ordagrannt efter Plinius[2], från hvilken han väl också fått den uppgiften, som han dock ej synes gilla, att månen är större än jorden[3]. Kometerna tror Beda vara tecken som förebåda revolutioner, krig, pest, stormar eller torka.

Kapitlet om vindarne (c. 26) är nästan helt och hållet hämtadt från Isidor. Hufvudvindarne äro fyra; mellan hvar

---

[1] Extremi semper sole carent. De nat. rerum. c. IX.
[2] Plinius, Hist. Nat. II. c. 13 ff.
[3] Plinius, Hist. Nat. II c. 11. »Non posset quippe Sol adimi terris intercedente Luna, si terra major esset quam luna.»

och en af dessa förläggas två vindar, så att hela antalet blir tolf, nämligen *Septentrio*, Aquilo, Volturnus, *Subsolanus*, Eurus, Euroauster, *Auster*, Euronotus, Africus, *Zephyrus*, Corus, Circius, hvar och en med sina karakteristiska kännemärken [1].

Blixt, åska och regn jämte andra företeelser omtalas därpå, hufvudsakligen efter Plinius och Isidor. Kap. 36, som behandlar signa tempestatum vel serenitatis, är helt och hållet hämtadt från Isidor.

Af mera intresse är kap. 39, de æstu Oceani, om ebb- och flodfenomenen. Under det Isidor för dessa ej kan finna någon förklaring [2], framhåller Beda efter Plinius [3], att månen utöfvar dragningskraft på hafsvattnet och sålunda orsakar det två gånger dagligen inträffande flodfenomenet. Floden är af två slag, *lædones* och *malinæ*, hvilka namn en gammal kommentator så förklarat: »Malina a majori luna, lædona quasi læsa dicitur unda [4].» — Vid malinæ räcker vattnets stigande i fem, dess fallande i sju timmar, men vid lædones räcker såväl stigandet som fallandet i sex timmar. Lædones börja hvar femte och tjugonde månadsdag, malinæ däremot hvar trettonde och tjuguåttonde och äro under solstitium och æquinoctium starkare än vanligt. Som nämdt har Beda vid sin framställning af flodfenomenet följt Plinius, men

[1]. Under antiken använde man såväl en åttadelad som en tolfdelad vindros. Den förra förekommer t. ex. hos Plinius och Orosius, den andra hos t. ex. Suetonius. Isidor har båda. Jfr *Konrad Miller*, Die ältesten Weltkarten I s. 42. — I följd häraf är det under Medeltiden ofta mycket svårt att veta hvad som t. ex. menas med Eurus då man ej känner från hvilket system vederbörande författare utgår. Vanligast var under den äldre Medeltiden den tolfdelade vindrosen. *Einhard* Vita Caroli c. 29.

[2] Utrum ventorum spiritu aquæ erigantur an lunari cursu increscant an sole retrahente decrescant, hoc Deo soli cognitum est. *Isidorus*, de rer. nat. c. 40.

[3] *Plinius*, Hist. Nat. II. c. 97, 99. Beda tar dock ej som Plinius äfven solen med i räkningen.

[4] *Beda*, ed. Migne 258, skol.

äfven andra nyare författare, så t. ex. beträffande lædones och malinæ [1].

Beträffande jordens form har Beda, som förut antydt, alldeles bestämdt den uppfattningen, att den är klotformig [2], och han har också innebörden af denna sats rätt klar för sig, hvarigenom han står betydligt framför Isidor, som visserligen ej förnekar klotformen, men icke desto mindre hyser mot denna åsikt rakt stridande föreställningar [3]. Beda däremot framhåller t. ex. hurusom på grund af jordens klotform den norra stjärnhimmelen ej är synlig för de i söder boende folken och tvärtom, och han visar sig i sin kommentar af första Mosebok [4] vid framställningen af ljusets skapelse synnerligen fri från de vanliga mystiska besynnerligheter som utmärkte tiden, hvilket väl torde få tillskrifvas hans egen eftertanke snarare än någon kännedom om Gregorius' af Nyssa eller Areopagitens skrifter [5].

Fastlandet omgifves enligt Beda af vatten, som äfven intränger i jorden och här utgör det element som håller denna tillsammans.

Beda indelar efter dagarnes olika längd jorden i zoner, hvarvid han hufvudsakligen synes stödja sig på Plinii framställning i Hist. Nat. II 72 ff. Att han äfven skulle ha användt Ptolemæi Almagest som Werner (s. 121) förmodar, är däremot högst osannolikt.

De tre sista kapitlen af Bedas skrift om tingens natur äro efterbildade efter Isidor. Det 49:de handlar om jord-

[1] Detta omtalas redan hos den iriske Augustin, som beträffande fysiskt-geografiska problem har flera yttranden, som vittna om skarp naturiakttagelse. Se *Ruge* i Peterm. Mittheil. 1895 Litt. Bericht s. 6.

[2] *Beda*, de nat. rer. c. 46.

[3] Isidor, som härvidlag följer Suetonius Tranquillus, synes tänka sig jorden simmande på vatten eller på skyar. *Isidor* de nat. rer. c. 46. *Miller*, I s. 28.

[4] In principium Genesis usque ad nativitatem Isaac et ejectionem Ismailis, libri IV.

[5] *Zöckler* I 248; *Werner* 153.

skalf, och det följande om Aetnautbrotten. I det sista omtalas fastlandets indelning i de tre verldsdelarne, af hvilka Asia är lika stort som de båda öfriga tillsammans. Det omfattar hela den östra jordhalfvan och skiljes genom floderna Nilus och Tanais från den vestra, som delas mellan Europa och Afrika, hvilka åtskiljas genom det gaditanska sundet.

* * *

Från Brittannien var det den bildning, som Karl den store sökte väcka till lif i sitt rike, förnämligast ledde sitt ursprung[1]. Men det dröjde länge innan den nådde en så hög ståndpunkt som den britanniska. Man träffar föga mer än ytterst torftiga excerpter, särskildt ur de latinska kyrkofäderna och ytterst få skrifter ega något intresse för geografiens historia. En sådan finnes dock, nämligen den af *Hrabanus Maurus* i början af 800-talet författade skriften »De Universo», ett under den följande tiden mycket användt kompendium i geografi och andra naturvetenskaper. Trots sitt torftiga innehåll åtnjöt den ett stort anseende till och med under den följande skolastiska perioden och af sådana storheter som en Albertus Magnus och andra.

Hrabani arbete innehåller blott hufvudsakligen excerpter ur Isidors skrifter, tillökade med en del betraktelser öfver naturtingens mystiska betydelse. Äfven Beda har han excerperat, men står genom sitt teologiska uppfattningssätt och sin missaktning för tingens själfständiga betydelse djupt under denna. Dock synes äfven Hrabanus i allmänhet acceptera något så när samma uppfattning beträffande verldsbyggnaden som Beda. Jordens klotform har han lika litet ifrågasatt som någon annan af Vesterlandets mera framstående lärde. Endast beträffande fastlandets form anslöt han sig till en annan uppfattning än den vanliga ity att han anser det vara fyrkantigt. — I öfrigt visar sig hos

---

[1] Dock kommo äfven starka inflytelser från Italien (Paulus Diaconus) och säkerligen äfven från det asturiska riket i Spanien (Beatus).

Hrabanus en betydlig påverkan af aristotelismens läror, hufvudsakligen på grund af närmare studium af Boethii skrifter, hvaråt han och hans skola egnade sig[1].

Hrabani bok »De Universo» är nästan det enda kosmografiska arbete af någon betydenhet under Karolingertiden. Det lästes flitigt och excerperades i sin ordning af en hel del andra författare och det var endast mera sällan som man besvärade sig med att gå tillbaka till de äldre kompilatorerna, Marcianus Capella, Solinus och andra. Dock saknades ej alldeles personer med större lärdom. Hvad kosmografin beträffar, fann till och med den af kyrkan fördömda antipodläran försvarare jämväl hos kyrkans män[2]. Och man möter äfven bland de talrika obetydliga lärde under denna tid en verklig storhet, nämligen *Johannes Scotus Erigena*[3] Karl den skalliges rådgifvare och lärare vid hans hofskola.

Erigena var en man med ovanlig lärdom; han var bl. a. en af de få som vid denna tid voro hemma i grekiska. Hans verldsåskådning, som starkt påverkets af Origenes och nyplatonikerna, såsom han lärt känna dem hos Gregorius af Nyssa och i Areopagitens skrifter, är mycket olika öfriga samtida författares. Hvad särskildt angår jordkunskapen har han mycket bättre än t. ex. en Hrabanus Maurus tillegnat sig innehållet hos Marcianus Capella och andra senantika kom-

---

[1] Jfr *Zöckler* I 365. Hos Hrabanus skall man enligt *Hankel*, Gesch. d. Matematik 210, finna det enda citat af Boethii aritmetik som finnes före Gerbert.

[2] Så t. ex. biskop Virgilius i Salzburg, också han liksom de fleste mera framstående af den tidens lärde af brittisk härkomst. *Zöckler* I 339 *Hauck*, Kirchengesch. I 522. Det var väl snarare önskan att bli kvitt en besvärlig motståndare än afskyn för antipodläran som föranledde Bonifatii angifvelse. *O. Fischer*, Bonifatius s. 172 ff.

[3] Som namnet angifver var han född på Irland. Han kom på 840-talet till Frankrike och återvände senare på Alfred den stores kallelse till England, där han först lärde i Oxford och senare blef abbot i klostret i Malmesbury. — Johannes Scotus Erigena, ed. Migne. *Christlieb*, Leben u. Lehre des Johannes Scotus Erigena. Gotha 1860.

pilatorer liksom han äfven använder Plinius. Däremot känner han endast genom Marcianus af Heraklea till Ptolemæus[1].

Liksom andra kosmografer anser Erigena himmelen som en kring jorden roterande konvexsfer, på hvilken stjärnorna äro fästade. Däremot opponerar han sig mot den åsikten att ofvan himmelen skulle finnas vatten, hvilket han finner strida ej blott mot »ordo elementorum», utan äfven mot »ratio ponderum»[2]. Midt emellan jorden och himmelen ligger jorden, kring hvilken alla planeterna rotera. Jordens klotform är naturligen för Erigena en afgjord sak och han är äfven på det klara med metoderna för mätande af dess storlek. Han yttrar sig med stor fackkännedom om Erathosthenes jordmätning och om . det därvid använda instrumentet, scaphium, samt söker jämväl uppvisa orsaken till att Plinius och Ptolemæus beräknat jordomfånget mindre. Jämväl förmörkelserna förklarar han på ett tillfredsställande sätt samt visar i öfriga kosmografiska frågor solida kunskaper och klart omdöme.

Erigena är emellertid en enstaka företeelse och hans mera fria åskådningssätt vann ej på länge någon anslutning. Han betraktades af kyrkan med misstänksamma blickar och hans böcker blefvo som kätterska fördömda.

Under lång tid framåt gör kosmografien liksom öfriga vetenskaper i det frankiska riket inga framsteg. Dock var ej denna tid för vetenskapen förlorad. Det lilla vetande man egde blef allt allmännare spridt, skolor och bibliotek uppväxte öfverallt och de gamle författarnes arbeten mångfaldigades i afskrifter. Det var den nödvändiga förberedelsen för skolastikens storartade vetenskapliga arbete[3].

* * *

---

[1] »Ptolemæus, ut Martianus scribit». De divis. Naturæ III c. 33.

[2] De divis. Nat. III c. 36, 27.

[3] Hvad angår litteraturen i allmänhet under Karolingertiden se *Hauck*, Kirchengesch. II s. 116—184. *Ebert*, Allgem. Gesch. der Literatur des M. A., Lpz. 1880, fäster sig mest vid den poetiska litteraturen.

Under det Vesterlandet med svett och möda sökte tillegna sig några torftiga rester af sen-antikens vetande, uppblomstrar i Österlandet på grundvalen af Aristoteles' och Ptolemæi skrifter en storartad vetenskaplig kultur och araberna gjorde här, särskildt beträffande kosmografien, äfven betydliga framsteg. Den aristotelisk-ptolemæiska verldsbyggnaden var hos dem ej satt i tvifvelsmål och de hade — hvilket i Vesterlandet sällan var händelsen — konsekvenserna af denna uppfattning på det hela taget fullt klara för sig. Så visste de t. ex. att man vid jordomsegling vann (resp. förlorade) en dag, en sak, hvilken som bekant förorsakade Magelhaes sjömän så mycket hufvudbry; vidare gjorde de noggranna astronomiska observationer, upptäckte det konstanta felet vid gradmätning med solvisare, kände skilnaden mellan verklig och skenbar horizont o. s v. Äfven synas de hafva känt till jordens rörelse kring solen i fall man får döma af åtskilliga yttranden af Ibn el Wardi, Kazwini och andra. Möjligen berodde dock denna åsikt ej på egna forskningar utan var en efterklang af pytagoreismens läror[1].

Ehuru den arabiska vetenskapens inflytande på Vesterlandet börjar egentligen först under den skolastiska perioden kan man dock redan under den tid, hvarmed vi nu sysselsätta oss, finna spår af en dylik inverkan. Redan Erigena anses hafva rönt åtskilliga inflytelser från araberna och den så småningom märkbara bekantskapen med Aristoteles har väl genom dem förmedlats. Men i något högre grad gör sig arabiskt inflytande gällande först hos den matematiska vetenskapens grundläggare i Vesterlandet, *Gerbert* från Aurillac, mera känd under det namn han bar såsom påfve, Sylvester II.

Gerbert vistades en längre tid söder om Pyreneerna i spanska mark, där han, förmodligen under ledning af judiske lärde, studerade matematik och astronomi. I det arabiska

---

[1] *S. Günther* (i Deutsche Rundschau f. Geogr. 1882 s. 345 ff.).

14

Spanien var han säkerligen icke, och han synes ej heller hafva varit bekant med det arabiska språket. Vid sin återkomst från Spanien blef Gerbert scholasticus vid klosterskolan i Rheims, där han snart vann ett lysande namn för sin ovanligt stora lärdom. Genom den förbindelse han egde med Ottonerna blef hans ryktbarhet så mycket större och genom sin utnämning till abbot i klostret Bobbio blef han satt i tillfälle att i det rika klosterbiblioteket [1] ytterligare utvidga sina kunskaper.

Gerbert synes verkligen hafva varit sin samtids lärdaste man. Han beherskade fullständigt tidens vetande på alla områden och hvad matematik och astronomi beträffer står han naturligtvis mycket högre. Huruvida han är den som i Vesterlandet infört bruket af de arabiska siffrorna är oafgjordt. Säkert är att de omkring denna tid inkommo i Vesterlandet [2]. Han kan också sägas hafva upptäckt Boethii Aritmetik, som genom honom blef känd och använd, konstruerade till samtidens förundran solur, himmelsglober, armillarsferer och andra märkvärdiga astronomiska instrument [3]. Gerbert bildar så till vida epok i Medeltidens kulturhistoria som genom honom Vesterlandet på naturvetenskapens område i det närmaste tillegnat sig det kulturarf, romarne åt detsamma efterlämnat, samt förberedts till att mottaga de nya mäktiga impulser, som under den följande tiden skulle komma.

Men för samtiden syntes dock Gerberts vetande så märkligt, att det föreföll den härstamma från honom som makt hafver i vädret, och ej ens den tredubbla kronan förmådde

[1] Klostret Bobbio som i det sjunde århundradet grundades af Columban, var vid denna tid ett af de bäst försedda bibliotek i hela Vesterlandet.

[2] *Hankel*, Gesch. der Matematik s. 323 ff. *Årtal* skrefvos med arabiska siffror först omkr. 1200.

[3] Äfven i Magdeburg gjorde Gerbert ett Oralogium (Horologium, solur) efter noggranna iakttagelser på stjärnorna (nordstjärnan). *Thietmar* af Merseburg, Chron. VI c. 61. — *Richer*, Hist. lib. III c. 46—55.

afvärja den förmodan att ofnämde mäktige potentat som lön
för sin undervisning till sig hämtat den lärde påfvens själ [1].

För efterverlden är Gerbert emellertid en »reparator
studiorum» för att använda ett yttrande af en hans samtida.
Visserligen dröjde det ännu en tid innan den skolastiska
renaissansen tog sin början, men man kan dock från Gerberts
tid spåra ett begynnande uppåtgående, hvari kan själf torde
hafva största andelen. Och den disputation som 980 hölls
i Ravenna mellan Gerbert och Otrich, förefaller som ett
förspel till skolastikens vetenskapliga torneringar [2]. Denne
Otrich, som synes hafva varit nästan lika ryktbar som Ger-
bert [3], förtjänar ihågkommas, då man förmodat, att Adam af
Bremen hos honom skall hafva fått sin vetenskapliga upp-
fostran, ehuruväl denna förmodan, som vi senare skola få
se, är oriktig.

* * *

Innan vi öfvergå till den mera speciella redogörelsen
för kännedomen om Europas nordliga trakter före Adam af
Bremen torde det vara lämpligt att nämna några ord om de
äldsta verldskartorna.

Hos grekerna hade som bekant kartografien med Ptole-
mæus nått en hög grad af vetenskaplig fullkomning, men
det som *romarne* häraf tillgodogjorde sig var ej synnerligen
mycket. Emellertid är det numera bragt utom tvifvel [4] att
äfven de senromerska kosmografiska kompilatorerna tillverkade
verldskartor, ehuruväl utan gradnät och öfrig vetenskaplig
apparat. Ehuru inga af dessa kartor numera finnas i behåll [5],

---

[1] Enligt några skulle Gerbert ha lärt magien af araberna i Cordova.
Jfr *Julien Havet*, Lettres de Gerbert, Paris 1889, s. XXXIV. *Döllinger*,
Papstfabeln s. 155.

[2] Se härom *Richer*, Hist. lib. III c. 56—65.

[3] *Thietmar af Merseburg*, Chron. III c. 8. *Richer* III c. 55.

[4] Jfr *Konrad Miller*, Die ältesten Weltkarten I (Stuttg. 1895) inl.

[5] En verldskarta af den h. Hieronymus, som man har kvar i ett
manuskript från 1100-talet torde vara i det allra närmaste oförändrad
sådan den på 300-talet tecknats. *Miller* III s. 1 ff.

har man dock i det närmaste lyckats rekonstruera ett par af dem, såsom de som förekommit hos Orosius, Ravennageografen [1] o. s. v. I allmänhet synas de hafva haft i det närmaste cirkelrund form, med ursprungligen sydlig [2], sedermera under inflytande af kristna föreställningar om det i öster belägna paradiset o. s. v. med östlig orientering [3].

Hvad innehållet beträffar grupperar sig detta vanligen omkring de centrala delarne af Medelhafvet, hvilka naturligt nog är det bäst framställda under det de yttre partierna äro betydligt sämre. Europas kust är till trakten af Rhenmynningarne jämförelsevis riktigt framställd; sedan drager den sig rakt mot öster tills den slutligen vänder sig mot söder och bildar en hafsvik, det Kaspiska hafvet. Utmed denna kust läser man en del namn såsom »Dacia ubi et Gothia», Scythia» o. dyl.

På dessa kartor, som synas hafva varit mycket allmänt spridda i Vesterlandet, grundade sig de äldre medeltida kartorna. De äldsta man känner af dessa äro från 700-talet, nämligen de som tillverkats af den spanske munken *Beatus* [4] i hans apokalypskommentar omkr. år 776. Beatus, som bl. a. var lärare åt Alcuin, hade gjort kartan för att åskådliggöra fördelningen af jorden mellan de olika apostlarne, och detta teologiska syfte bidrog väl i sin mon att

---

[1] *Kieperts* rekonstruktionsförsök af denna karta (i Pinder och Partheys edition af Ravennageografen) är fullkomligt misslyckadt, då han utgår från den oriktiga förutsättningen att Jerusalem skall ligga i medelpunkten och horæ därifrån räknas. Jfr *d'Avexac* och hans rekonstruktionsförsök i Bullet. Soc. Norm. 1888.

[2] Jfr *A. Elter*, De forma Urbis Romæ deque orbis antiqui facie. Univ. progr. Bonn 1891.

[3] Paradiset förekommer här först vid midten af det fjärde århundradet. *Müller*, Geographi Græci minores II. 513. — Det ofta återkommande påståendet att Romarne ej hade annat än intinerarkartor är säkerligen oriktigt. Tvärtom är det sannolikt att t. o. m. den peutingerska tabulan utgår ifrån en rund verldskarta. *Müller* I inl.

[4] *Miller* I s. 1 ff.

göra · hans karta omtyckt. Beatuskartorna höra också till de mest spridda under den äldre Medeltiden.

Af öfriga kartor från denna tid skola vi här blott påminna om den anglosaxiska verldskartan, *tabula cottoniana*[1], som vanligen förlägges till det tionde århundradet. Äfven denna förråder omisskänneligt sitt ursprung från de romerska kartorna[2], men är dock, hvad särskildt norra Europa beträffar, försedd med en del nya uppgifter. Kartan låter Spanien skjuta långt mot norr, så att Biscayaviken blir en smal mot söder inskjutande fjord mellan Spanien och Frankrike. Norr härom ligger den väl tecknade ön *Brittannia*, som med sina i norr och söder mot vester utskjutande landtuddar nästan omsluter den här liggande ön *Hibernia*. I norr ligga de små *Orcades insule* och i nv. den något större ön *Tylen*. Från fastlandet, som i söder och öster nästan parallelt följer Brittannias kust, utskjuter mot norr en halfö, *Norvesi* (Norwegia?), hvarefter man på den mot öster fortsättande kusten läser namnen *Sleswic, Sclaui, (Dacia ubi et Gothia), Scithia* och *Meotides paludes*, samt längre mot öster *Griphorum gens* och *Turchi*. Paralellt med kusten mellan Scithia och Norvesi ligger en långsträckt ö, på hvilken man i vester läser *Scridefinnas*, i öster åter *Island*. — I öfrigt är denna karta en af de bästa vi ega i behåll från den äldre Medeltiden och den visar i själfva verket att ej heller kartografien stod på den låga ståndpunkt man vanligen föreställer sig, utan att man verkligen med framgång sökt bygga vidare på de torftiga grundvalar som romarne efterlämnat jämväl i detta afseende. Att kartor ej kunde för den man, med hvars geografiska framställning vi i det följande skola sysselsätta oss, vara något obekant, är, då man betänker deras allmänna spridning,

---

[1] Den kan ej vara äldre än från år 992. Däremot är det ej omöjligt att den kan vara betydligt yngre, ja till och med från tiden efter Adam af Bremen. Jfr *K. Miller* III s. 35 ff.

[2] Enligt *Miller* torde den haft till mönster en Melakarta.

18

så godt som själfklart. Särskildt voro de s. k. Sallust-
kartorna[1] mycket allmänna och den bästa af dessa man
känner härstammar från en kodex från 1000-talet i Magde-
burg, således från den tid och det land Adam tillhörde.

II.

Kännedomen om Norden i Vesterlandet före Adam af Bremen.

Om man undantager berättelserna om det längst i norr
belägna Thule, sträckte sig romarnes kännedom om Norden
föga längre än deras vapen. De skildringar som här och
där förekomma om dessa trakter, äro antingen alldeles fabel-
aktiga eller så sväfvande och obestämda att det är svårt att
med någon säkerhet afgöra hvad som åsyftas. Vi skola
emellertid här, med förbigående af de äldre författarne, göra
en framställning af de uppgifter om Norden, som förefinnas
hos Plinius och hans något yngre samtida Tacitus och så
vidt möjligt söka att tolka desamma.

Enligt *Plinii* framställning ligga i den norra oceanen,
som han tänker sig börja vid Herkules stoder och sträcka
sig ända till det Kaspiska hafvet[2], åtskilliga öar utan namn[3].
Nordhafvet kallades, för hvilken uppgift Plinius åberopar
sig på Philemon, af cimbrerna Morimarusa d. ä. mare mor-
tuum[4], ända till promuntorium Rusbeas; längre bort vid-

---

[1] *Konrad Miller* III s. 110 ff.
[2] *Plinius*, Hist. Nat. (ed. Detlefsen) VI c. 13.
[3] Hist. Nat. IV. c. 13. Timæus omtalar, säger Plinius, en ö,
Baunonia, på en dagsresas afstånd från Skytiens kust, och på hvilken
vågorna om våren uppkasta elektrum. Öfriga trakter äro blott kända
genom dunkla rykten.
[4] Denna Plinii öfversättning ger starkt stöd åt *Schlözers* mening
(Allgem. Nord. Gesch. I 114) att ordet kommer af kymr. *mor*, haf och
marw, död.

tager *mare Cronium*. Hvad Plinius härmed menar, är om-
tvistadt. Att som vanligen anses, promuntorium Rusbeas
skulle vara Skagen, är emellertid högst problematiskt och
alldeles oriktig synes mig den förslagsmeningen [1] vara, att
med Morimarusa skulle afses Östersjön och med Cronium
Nordsjön. Plinii mening är tydligen att Morimarusa sträckte
sig *mot norr* ända till prom. Rusbeas och att det *längre
norrut* belägna hafvet kallades Cronium, en benämning som
de gamle efter den öfver den norra kalla zonon herskande
Kronos eller Saturnus gåfvo åt det norr om polcirkeln be-
lägna hafvet [2].

På ett afstånd af tre dagsresor från Skythiens kust låg
ön Basilia, en mycket stor ö, hvarmed förmodligen menades
Vasilia eller Ösel, och som Plinius med orätt antog vara
den af Pytheas omtalade bernstensön Abalus [3]. Därpå om-
talas åtskilliga andra öar, som dels äro för obestämdt an-
gifna för att man skulle kunna försöka identifiera dem, dels
fullständigt fabelaktiga, såsom Oonæ, hvars innevånare lefva af
hafre och sjöfogelägg, samt de öar som bebos af hippopoder
och långöron.

Härpå börja, säger Plinius, säkrare underrättelser med
Inguæonernas folk, som från detta håll är det första i Ger-
manien. Här ligger — fortsätter han — det väldiga *mons
Sævo*, som ej är mindre än de Ripheiska bergen. Detta
bildar en ofantlig vik, som sträcker sig ända till cimbrernas.
promuntorium. Denna vik, som kallas Codanus, är uppfylld
af öar, af hvilka den mest berömda är Scatinavia. Dess

---

[1] *K. Ahlenius*, Olaus Magnus, Ups. 1895, s. 12.

[2] Jfr *Plutarchus*, de facie, quæ in orbe lunæ apparet (Bibl. Græc.
ed. Didot s. 1151 c. XXVI). — *Schafarik*, Slav. Alterth. I 496, vill samman-
ställa namnet med den af Ptolemæus omtalade floden Chronos (Njemen?).

[3] Enligt *Plinius* IV c. 13 skulle Pytheas kallat ön Basilia, hvilket
strider mot hans ord i XXXVII 11. *Lelevel* (Die Entdeck. der Kartag.
u. Griechen s. 41) har försökt förklara detta så att texten (IV 13) bör
läsas: »Xen. Lamp. insulam esse immensæ magnitudinis [Baltiam tradit
eandem Pytheas] Basiliam nominat.»

storlek är okänd, men den del man känner bebos af Hillevionernas folk i 500 pagi. De kalla det en annan verld.

Hvad nu först beträffar mons Sævo, är det häraf klart, att man har att söka det *på den södra Östersjökusten* och att det icke har något att göra med Seveberget på den skandinaviska halfön [1]. Likaså oriktig är emellertid Geijers [2] åsikt att Plinius förlägger det på jutska halfön, och den synes, liksom detta hos Ahlenius [3] är fallet, bero endast på en felaktig öfversättning af Plinii ord. Plinii mening är tydligen att cimbrernas promuntorium eller den jutska halfön tillika med mons Sevo omsluta den Codaniska viken, hvadan man någonstädes i Mecklenburg eller Pommern har att söka detta berg [4].

Med den codaniska viken menar Plinius sålunda den sydvestra delen af Östersjön tillika med Kattegat, och de många däri liggande öarne äro tydligen de danska. I Scatinavia igenkänna vi den södra delen af skandinaviska halfön, om hvars landsammanhang i norr Plinius ej kunde hafva någon aning, och *Hillevioner* är det första folknamn på vår halfö som vi få lära känna [5].

Ej mindre än detta land anser man — fortsätter Plinius — Epigia vara. Detta land, hvarmed, såsom redan Geijer påpekat, menas landet öster om Weichsel (Vistla) beboddes ända till denna flod af Sarmater, Veneder, Scirer och Hirrer [6].

---

[1] Här spökar det ännu på de nyaste tyska kartor, t. ex. Kieperts.

[2] *Geijer*, Svea R. Häfd. s. 77.

[3] *Ahlenius*, Ol. Magnus s. 11.

[4] Att Mons Sevo ej är att söka i trakten af Kölen framgår också däraf att Plinius förlägger det i Ingvæonernas land.

[5] Det är möjligen samma namn som de Levoni som Ptolemæus omtalar på de skandiska öarne. *Zeuss*, Die Deutschen (Münch. 1837) s. 77, söker namnets härledning från häll, sål. klippbor. En annan etymologi hos *Müllenhoff*, Deutsche Alterthumskunde II 354 ff.

[6] *Geijer*, S. R. H. s. 78. Det är att märka att enligt Plinius Aeningia eller Epigia synes vara *fastland*. — Det nuvarande Finland kan i alla händelser ej afses, då enligt Plinius landet gränsade till Weichsel.

Efter att hafva nämnt tvänne hafsvikar, Cylipenus, i hvars mynning ön Latris är belägen, och Lagnus, som ligger nära intill cimbrernas land, omtalar Plinius promuntorium Cimbrorum, som sträcker sig långt ut i hafvet. Här igenkänner man utan svårighet den jutska halfön. Den bildar en halfö, Tastris, hvarmed måhända afses Skagen. I de därpå följande 23 öarne, »Romanis armis cognitæ», af hvilka några namngifvas, igenkännas lätt de frisiska öarne i Nordsjön.

Klarare äro de uppgifter om Norden som möta oss hos *Cornelius Tacitus* i hans ett par tiotal år yngre arbete om germanerna och deras land. Tacitus grundar också sina uppgifter ej blott på skriftliga källor utan äfven till en stor del på muntliga underrättelser, hvilka han erhållit af personer som noga känt till Germanien och dess folk [1].

Tacitus är väl bekant med länderna omkring södra delen af Östersjön, åt hvilken han efter de vid dess kust boende germanska folken ger namnet det sveviska hafvet [2]. Lika litet som Plinius känner emellertid Tacitus dess natur af innanhaf utan hans mare svevicum är endast den del af oceanen som inneslöts af jutska halfön i vester och Östersjöprovinsernas kust i öster.

Vid den högra, d. v. s. den östra kusten af det sveviska hafvet förlägger Tacitus [3] *Aestiorum gentes,* »quibus ritus habitusque Sueborum, lingua Brittannicæ propior», hvarmed han tydligen åsyftar de preussiska och lettisk-litthauiska folken i sydost om Östersjön, hvilka här för första gången omtalas. Deras namn, Aestii eller Ester anser Schafarik [4] vara

---

[1] Om Taciti källor se *Manitius,* Zur Quellenkritik der Germania. (Forsch. zur deutsche Gesch. Bd. 22) och *Holtzmann,* Taciti Germania. Manitius framhåller att Tacitus mycket användt Mela.

[2] Tacitus menar nämligen med Suevia eller Suebia större delen af Germanien och ingalunda, som Ahlenius (Ol. M. s. 14) synes tro, Suionernas land.

[3] *Tacitus,* Germ. c. 45.

[4] *Schafarik,* Slav. Alterth. I 45. Se dock *Zeuss,* s. 267.

22

af germanskt ursprung och betyda de östra folken. Att
Tacitus finner deras språk likna det keltiska beror väl endast
på hans obekantskap med bådadera. Han kände i alla fall
till att de ej voro germaner.

Esterna dyrka, säger Tacitus, matrem deum[1]; som
tecken till sin vantro bära de vildsvinsamuletter, som skydda
dem och göra dem osårbara. Till vapen använda de trä-
påkar, däremot sällan järnvapen. Åt åkerbruk egna de sig
emellertid med större uthållighet än germanerna. Dessutom
insamla de och försälja till romarne bernsten, som de själfva
kalla glesum.

Tacitius är äfven den förste hos hvilken vi träffa finnar-
nes namn, *Fenni*, och vi få här de första kulturhistoriska
notiserna om denna folkstam. Hos finnarne, om hvilka
Tacitus tvekar huruvida han skall räkna dem till germanerna
eller sarmaterna, finner man, säger han, ett förvånande
barbari och en ytterlig fattigdom. De hafva inga vapen,
inga hästar och inga fasta bostäder (penates). De lefva af
vilda frukter (herba), kläda sig i skinn och ligga på bara
marken. Deras enda hopp är fäst vid deras pilar, hvilka
de i saknad af järn förse med benspetsar; och samma jagt
gifver såväl männen som kvinnorna deras näring, ty dessa
åtfölja dem öfverallt för att få sin del af bytet. Barnen
hafva intet annat skydd för vilddjur och regn än ett flät-
verk af grenar[3]. Hit samlas för öfrigt både gamla och

---

[1] *Schafarik* anser att Tacitus härmed åsyftar den preussisk-lit-
thauiska gudinnan Seewa eller Zemmesmahti, den slaviska Siwa. Schafarik
I 459. Se dock *Müllenhoff*, Deutsche Altert. II s. 28 ff.

[2] Germania c. 46. Man har ansett att Taciti Fenni skola afse
lapparne, men däremot strider bestämdt Taciti egen framställning i det
att han förlägger dem intill Vendernas land, således i trakterna öster om
nuv. Östersjöprovinserna. Se dock *V. Thomsen*, Beröringer mellem de
finske och baltiske Sprog, Kbhvn 1890.

[3] Således kåtor eller jurter. Tacitus känner tydligen endast deras
sommarlif. *Müllenhoff* II s. 40.

unga; och på detta sätt, säger Tacitus, framlefva de sitt sorgfria lif. —

I vester gör Germanien en stor utböjning mot norr och här bo invid oceanen cimbrerna, »parva nunc civitas»[1]. Det är tydligt att härmed afses den jutska halfön, om hvars verkliga utseende Tacitus dock ej synes hafva haft någon klar föreställning.

Midt i själfva oceanen ligga *Svionernas* samhällen, mäktiga genom starka härar och flottor[2]; som bekant den första utsaga, där sveanamnet med omisskännelig tydlighet träder oss till mötes.

Ofvan Svionerna är ett annat haf, trögt och nästan orörligt, hvilket tros sluta och ytterst omgifva jordkretsen, emedan där den nedgående solens glans ännu varar till uppgången så klar att stjärnornas ljus för den bleknar; man tror sig höra dånet af den uppgående solen och se hästarnes gestalter och strålarne från (solgudens) hufvud[3].

Om Tacitus tänker sig *Sitonernas stammar* också boende på öar i oceanen eller på fastlandet kan jag ej afgöra. Sitonerna likna i allt Svionerna med undantag att de regeras af en kvinna. — Här tager Svevia sin ända.

*   *   *

Sådan var i stora drag romarnes kännedom om Norden under det första århundradet af vår tideräkning. Under den följande tiden gick denna kunskap snarare tillbaka än ökades. Ej ens Ptolemæus[4] har att tillgå några nya källor beträffande Östersjöländernas geografi och hans försök att gifva sitt vetande en sträng geografisk systematisering tjänar endast till att desto tydligare visa dess obestämdhet och otillräcklighet. Särskildt påfallande är detta hvad angår de öster om

[1] Germ. c. 35; 37.
[2] Germ. c. 44.
[3] Germ. c. 45.
[4] *Bunbury*, Hist. of Anc. Geogr. II 588.

Chersonnesus Cimbrica belägna länderna, då han t. ex. gör
Scandia till en mindre ö vid Vistulas mynning o. s. v. I
detta afseende kan sålunda ej obekantskapen med Ptolemæus
betraktas som någon synnerligen stor förlust för den äldre
Medeltiden.

Som bekant hämtade denna nästan uteslutande sitt
geografiska vetande från Plinius och de senantika kompendie-
författarnes skrifter. Den kunskap om Norden, som dessa
lämnade, var mycket knapphändig, och dessutom missupp-
fattade och förvanskade man Plinii uppgifter i hög grad, så
att den äldre Medeltidens vetande om de nordiska ländernas
geografi inskränkte sig till en förvirrad blandning af från
olika håll hämtade namn på länder, folk och fabelväsenden.
Folkvandringarnas stormar undanskymde dessutom för rom-
arne de fjärran belägna länderna i Norden. Det dröjde
bortåt ett halft årtusen innan man i det latinska vester-
landets litteratur kan spåra några nya underrättelser om
dessa trakter, och det är då en man af germansk börd, som ånyo
i den romerska verlden sprider kunskap om de gamles
Skandinavia och om Östersjöländerna i allmänhet, nämligen
Jordanes.

*   *   *

De uppgifter om Norden, som hos Jordanes förekomma
äro de rikhaltigaste vi hittills träffat hos någon författare i
Vesterlandet, men tillika till stor del så obestämda att det
är mycket svårt att finna reda i dem. Själf synes han ej
heller hafva fullt förstått sina sagesmän, och hans sträfvan
att förbinda dessas uppgifter med de antika författarnes,
åstadkommer ingen förbättring i hans framställning.

Liksom de äldre författarne uppfattade Jordanes Öster-
sjön som en del af den norra oceanen. Att döma af hans
uttryckssätt synes han dock bestämdare än dessa fattat den
som ett mera själfständigt hafsbäcken, hvilket blott med en arm

stod i förbindelse med öppna hafvet [1]. Han ger åt densamma namnet mare Germanicum och förlägger vid dess kust i likhet med Tacitus Aestorum gens [2], österifrån fram emot floden Vistula, som upprinner på de sarmatiska bergen och i tre mynningar utfaller i hafvet, bildande gräns mellan Skytien och Germanien.

Midt emot Vistulas mynning förlägger Jordanes [3] efter Ptolemæi föredöme ön Scandza, som han tydligen identifierar med den af Pomponius Mela omtalade ön Codanovia. Den är emellertid mycket stor och har i sin östra del en mycket stor insjö, från hvilken floden Vagi upprinner och med sina väldiga vattenmassor störtar ut i Oceanen [4]. Här ligga många mindre öar, och det säges att om vargar ditkomma öfver det vid mycket stark köld tillfrysande hafvet, de blifva blinda [5]; i så hög grad är denna trakt ej blott obeboelig för människor utan äfven fördärfbringande för vilddjuren. Den starka kölden omöjliggör äfven på Scandza biskötseln.

Beträffande Scandzas polhöjd omtalar Jordanes att i dess nordligaste del bor folket *Adogit* (Halogi?) som säges under midsommartiden hafva 40 dygns oafbruten dag och under vintern likaså lång natt.

Af folken på Scandza omtalar Jordanes förutom det nämda en hel rad. Då det emellertid skulle föra för långt

---

[1] *Jordanes*, ed. Mommsen s. 58 »oceano, ex quo quasi quodam bracchio exeunte, sinu distento, Germanicum mare efficitur.»

[2] Anf. a. s. 89.

[3] *Jordanes* s. 58: »Scandziæ — — de qua et Pomponius Mela in maris sinu Codano positam refert.» Det är att märka att Jordanes möjligen *känner Skandinaviens landsammanhang*, ehuru han af de antika författarne förledes att kalla det en ö.

[4] *Geijer*, Svea Rikes Häfder s. 98, är böjd att anse denna sjö vara Ladoga. Det synes mig emellertid i hög grad sannolikt att ifrågavarande sjö är Venern och floden *Vagi* (Har namnet något sammanhang med våg?) således Göta elf.

[5] Efter Jordanes förekommer denna sägen hos Aeneas Sylvius, som i sin geografi stundom nästan ordagrannt afskrifver Jordanes, och efter honom ännu hos *Olaus Magnus* Hist. I c. 19.

att försöka en i många fall mycket osäker förklaring af dessa — till några skall jag längre fram återkomma — vill jag här endast påpeka några viktigare.

De första folk Jordanes omtalar är gentes *Screrefenni*, skridfinnarne, hvilkas namn här för första gången träder oss till mötes i den vesterländska litteraturen. De använda, säger Jordanes[1], icke någon föda ur växtriket utan lefva af villebråd och fogelägg; i de därvarande vildmarkerna (paludibus) lägges en så stor afföda att den både ökar stammen och fyller folkets behof.

Förutom detta folk, i hvilket vi tvifvelsutan hafva att igenkänna lapparne, omtalas äfven *gens Suehans* som ega förträffliga hästar. Det är äfven dessa som genom förmedling af många andra folk till romarne försälja de utmärkt vackra pelsverk af djup safirblå färg[2], som dessa pläga använda. Tydligen åsyftas med detta folk svearne, Taciti Sviones, och det är tvifvelsutan samma folk som längre fram omtalas under namnet *Suetidi* eller Svithjods innevånare, hvilka äro kända för sin resligare växt än de öfriga folken. Slutligen omtalas också såsom boende på Scandza *Dani*, danskarne, som utdrifvit Herulerna från deras bostäder.

Detta är hufvudsaken af det *nya* vetande som Jordanes har om den skandinaviska Norden. För öfrigt har han också åtskilligt att säga om Brittannien, Thyle och andra nordiska länder, men detta är så godt som uteslutande hämtadt från äldre författare, Tacitus, Orosius m. fl. hvadan vi ej här skola därmed sysselsätta oss.

* * *

Tvenne århundraden efter Jordanes lemnar oss en annan germansk författare återigen nya underrättelser om Norden,

---

[1] *Jordanes*, ed. Mommsen, s. 59. Om folknamnen på Scanza se *Zeuss* 502 ff. och *Läffler* i Antiqu. Tidskr. 1894. *Müllenhoff* II 61 ff.

[2] Detta synes mig vara den naturliga öfversättningen af »*sappherinas pelles*», hvarpå man hittills ej lyckats få någon förklaring. Troligen åsyftas skinn af blåräfvar, ett mycket eftersökt pelsverk.

hvilka han skall hafva erhållit genom muntliga berättelser
af folk från Skandinavien, vi mena den langobardiske historie-
skrifvaren *Paulus Warnefridi*, kallad Diaconus[1].

Men om det är svårt att förstå Jordanes uppgifter,
gäller detta i ännu högre grad om Paulus Diaconus. Lik-
som hela hans historia är en brokig blandning af äldre för-
fattares uppgifter och samtidas berättelser, äro de geografiska
notiser han meddelar hämtade från de mest olika håll och
ofta mycket förvirrade. Och detta gäller äfven det han har
att säga om Norden och ej minst om Skandinavien.

Paulus låter som bekant Langobarderna utvandra från
en ö i norr, hvilken han utan betänkande identifierar med
den af Plinius omtalade ön Scatinavia. Den beskrifning, som
han på .grund af berättelser af folk som själfva där varit,
gör af ön, passar emellertid alls icke på vår halfö[2]. Den
ligger, säger nämligen Paulus, icke egentligen i hafvet, men
kringsvallas af vågorna som omgifva de låga stränderna[3].
Redan detta, samt den omständigheten, att langobarderna ej
vid sitt uttåg behöfde fara öfver något haf, väcker tanken
på att här föreligger någon förväxling. Och då i en sam-
tidig historia[4] omtalas, att langobarderna hade sina bostäder
i landet Scatenau *vid stranden af floden Elbe,* synes det
vara satt utom tvifvel att Paulus Diaconus af namnlikheten
förledts att identifiera den hos Plinius omtalade ön Scatinavia

---

[1] *Pauli* Hist. Langob. ed. Waitz, in usum schol. Hann. 1878, I c.
2: »Sicut retulerunt nobis qui eam (sc. Scadinaviam) lustraverunt.»

[2] Hist. Lang. I c. 2.

[3] »Non tam in mari est posita, quam marinis fluctibus propter
planiciem marginum terras ambientibus circumfusa.» Ibid.

[4] Nämligen i en handskrift af den langobardiska lagen, som torde
varit något senare än Paulus Diaconus. Författaren af den här förekom-
mande tämligen afvikande versionen af vandringssagan har emellertid
tydligen ej känt till Paulus arbete. Jfr Geschichtsschreiber d. deutschen
Vorzeit, VIII Jahrh. IV 235 ff. Att märka är att Fredegar, som i sitt utdrag ur
Gregorius af Tours berättar att langobarderna uttågat från Schatanavia,
förlägger detta land mellan Donau och Oceanen. Se äfven *Zeuss* 471 ff.

med den langobardiska vandringssagans Scatenau, hvilket land torde vara att söka i trakten af Bardewik, hvarest ännu under den senare Medeltiden omtalas ett Barderfolk och där redan under forntiden langobarderna omtalas[1]. På denna förvexling beror sålunda sagan om langobardernas skandinaviska härstamning.

Men Paulus har äfven åtskilliga intressanta berättelser från det verkliga Skandinavien att meddela. Så omtalar han[2] en allmänt gängse berättelse i Germanien, att nämligen i en klipphåla vid Germaniens kust längst i nordvest, sju män, till utseendet romare, ligga försänkta i sömn, obekant sedan huru lång tid tillbaka; såväl de själfva som deras kläder äro oskadade och de hållas i stor vördnad af de där boende folken.

Nära härintill, — berättar Paulus vidare[3] — bo Scritobini, som hafva sitt namn af ett ord, som på det barbariska språket betyder springa[4]. De kunna nämligen, i det de springa med ett i båge böjdt trä upphinna vilda djur. I deras land finnes till och med om sommaren snö. De likna vilddjur, äta rått kött och kläda sig i ogarfvade hudar. Där finnes ett hjortliknande djur, af hvars hårbeklädda hud jag sett en klädnad, liknande en tunika och räckande till knäet, sådan de omtalade Scritobini sägas bära.

---

[1] *Strabo* omtalar (VII c. 1) att langobarderna, ett sveviskt folk, som bott på östra sidan om Elbe, nyligen flyttat öfver på den vestra. Som ett litet men kraftigt folk omtalar dem *Tacitus*, Germ. c. 40.

[2] Hist. Lang. I c. 4. Sägnen om de sju sofvarne förekommer första gången hos Gregorius af Tours, som förlägger den till trakten af Efesus i Mindre Asien. Paulus Diaconus har emellertid fått muntliga underrättelser om det han omtalar, och det från germanskt håll. Ett försök att förklara sägnens uppkomst har *V. Rydberg*, Germansk mytologi I 529 ff.

[3] Hist. I c. 5.

[4] Nämligen det langobardiska ordet Scrito, vårt skrida. *Hallenberg*, Anmärkn. öfver Lagerbrings svenska historia II s. 363-65, som påpekar det nordiska uttrycket (Orkneyinga Saga) »skrida à skidum». *Zeuss* 684. Se ock *Müllenhoff* II 44 ff. Med lingua barbara menar väl Paulus germanskt språk i motsats mot latinet.

Med all önskvärd tydlighet finna vi här skildrade lapparne, deras skidlöpning, klädedrägt och lefnadssätt, renen o. s. v. Om deras land i öfrigt omtalar Paulus endast, att under några dygn vid sommarsolståndet råder den klaraste dag jämväl om natten, och dagarne äro under sommaren längre än annorstädes, likasom under vintern råder ett mot- satt förhållande.

I hafvet vester om skridfinnarnes land omtalas därpå en väldig vattenhvirfvel [1] (profundissima aquarum vorago), »hvilken vi med ett gängse uttryck kalla hafvets nafle. Denna skall två gånger om dagen uppsluka och åter utspy hafsvattnet, hvilket vid alla kuster visar sig genom den så hastigt kommande och tillbakagående floden.» Såvida icke denna berättelse uppstått just för att förklara flodfenomenet, torde här åsyftas Malströmmen vid Norges kust och Paulus Diaconus skulle i så fall ha erhållit underrättelser så långt norrifrån som från trakterna vid Lofoten [2].

Det är i det närmaste allt som vi få veta om Paulus Diaconus föreställningar om Norden. Till ett och annat, som ej här vidrörts, få vi senare återkomma.

* * *

Enstaka nya uppgifter om nordiska länderna finna vi äfven hos den s. k. *Ravennageografen* [3], en grekisk munk, som i slutet af sjunde århundrandet på grekiska författade en kosmografi, hvilken under det nionde århundradet öfversattes på latin. Hans uppgifter synas till största delen vara hemtade ur en stor, med den peutingerska kar-

---

[1] Hist. 1 c. 6.

[2] Nära till hands ligger ju att antaga, att berättelsen sammanhänger med de mytiska föreställningarne om hafvet i norr (Jfr Rydberg I 535 ff.) men dels det uttryckligen uttalade sambandet med flodfenomenet, dels hufvudsakligen att hvirfveln förlägges *vester* om Germanien och ej i yttersta Norden synes mig tala för att en mera reel grund för berättelsen förelåg. — En annan hvirfvel skall finnas mellan Spanien och Brittanien.

[3] Ravennatis Anonymi Cosmografia, ed. Pinder o. Parthey, Berol. 1860.

tan nära beslägtad itinerarkarta, men har han äfven an-
vändt Jordanes och möjligen äfven muntliga källor.

Han omtalar [1]) intill saxarnes land ett Northomanno-
rum patria, nordmannernas land, som äfven af de gamla
kallas Dania. Det genomflytes af flere floder, bland hvilka
omtalas floden Lina, som utfaller i Oceanen. Dess inne-
byggare äro mera snabbfotade (velocissimi) än andra folk [2],
enligt hvad flere »Gothorum philosophi» intyga.

Intill Dania förlägges skridfinnarnes land [3] (patria,
quæ dicitur Rerefenorum et Sirdifenorum) och längre öster-
ut, i hafvet utanför Roxolanernas land, den stora ön Scyt-
hia, som Jordanes kallar Scanza, från hvilken fordom Danerna
och Goterna utvandrat. —

Det nya vetande om Norden, som vi hos de nyss nämda
författarne funnit, blef emellertid ej något allmännare spridt
i Vesterlandets litteratur under den period af Medeltiden,
hvarmed vi här sysselsätta oss. De flesta af den tidens
kosmografer kände om Nordens geografiska och etnografiska
förhållanden intet mer än det som stod att läsa hos de ofvan
omtalade senantika kompendieförfattarne Orosius, Martianus
Capella, Solinus eller i lyckligaste fall Plinii naturalhistoria.

* * *

---

[1] *Rav. Geogr.* c. 11, 13. Med det *Datia minor*, som Ravenna-
geografen omtalar ad frontem ejusdem Alpis (Elbe) i motsats mot det af
»Unnorum gente» bebodda »magna et spatiosa Datia», menar han tyd-
ligen Dania, hvadan sålunda *förblandningen mellan Dania och Dacia
redan nu kan spåras.* Se nedan.

[2] Epitetet »snabbfotade» få Danerna också af Thietmar af Merse-
burg VIII c. 16. Se nedan.

[3] *Ravennageografen* c. 20: »cujus patriæ homines — — rupes
montium inhabitant et per venationes tam viri quam mulieres vivere,
cibo vel vino ignari existentes in omnibus dicuntur — — ut ait Aithanarit,
Gothorum philosophus.» Om de af Ravennageografen omnämda »gotiska
filosoferna» (Aithanarit, Eldevoldus och Marcomirus) vet man alldeles
intet. Möjligen voro de samtida till Theodorich och måhända källor redan
till Procopius. — *Rav. geogr.* c. 13. *Wattenbach*, Deutschlds Gesch.-
quellen I s. 67.

Den beröring af så väl fredlig som krigisk art, som under slutet af åttonde och början af nionde århundrandet uppstod mellan å ena sidan de nordiska länderna och å andra sidan det frankiska riket och rikena på de brittiska öarne, föranledde naturligt nog att på dessa håll intresset för och kunskapen om Norden ökades. I själfva verket finna vi också vid denna tid i krönikor och handlingar flere upplysningar om Norden, och äfven i de kosmografiska handböckerna börjar en och annan notis om Nordens länder och folk inflätas. Vi skola här till slut genomgå de viktigaste nya underrättelser om Europas nordligare trakter som före Adam af Bremen i Vesterländska litteraturen förekomma.

Vi komma då först till den irländske munken *Dicuil*, som i början af 800-talet skref sin bok »de mensura orbis terræ», hvars innehåll till största delen är ordagrant hämtadt ur Plinius. Om den skandinaviska norden finna vi här endast Plinii uppgifter om Sinus Codanus, mons Sævo och ön Scandinavia m. m., men då författaren kommer till Thule, lemnar han oss en synnerligen intressant berättelse som han fått höra af några munkar (clerici). Dessa hade nämligen 30 år förut omkring ett halft år [1] vistats på denna ö, och de omtalade, att solen där vid tiden för sommarsolståndet endast en stund dolde sig liksom bakom en kulle, så att det hela dygnet om var så ljust, att man kunde arbeta eller lusa sin skjorta alldeles som om dagen. Om de hade bestigit något berg hade de troligen hela natten sett solen.

Som redan *Letronne* [2] visat, kan den omtalade ön icke vara någon annan än Island, hvilken ö sålunda vid slutet af 700-talet upptäcktes och besöktes af irländska munkar,

---

[1] *Dicuil*, de mensura orbis terræ, ed. Parthey, Berol. 1870, s. 42: »a Calendis Februarii usque ad Calendas Augusti». — Dicuil hade själf besökt en hel del af de omkring Brittannien belägna öarne. *Dicuil* s. 41.

[2] *A. Letronne*, Recherches géogr. et critiques. Paris 1814 s. 130 ff.

vilka förklarligt nog identifierade den aflägsna ön med jordkretsens nordligaste land, de gamles Ultima Thule.

I hafvet norr om Brittanien på ett afstånd af 2 dygns oafbruten segling med strykande vind, lågo, berättar Dicuil vidare [1], åtskilliga andra öar, från hvilka han erhållit underrättelser af en »presbyter religiosus», som själf besökt dem. I dessa öar, som Dicuil ej funnit omnämda »in libris auctorum» och som skildras såsom öfverfyllda af sjöfågel och får, torde man tvifvelsutan få igenkänna Färöarne, som här för första gången omtalas.

Under det sålunda Dicuil lemnar oss de första underrättelserna om de aflägsna öarne i Vesterhafvet, finna vi hos frankiska författare åtskilligt nytt om Östersjöländerna. Som vi ofvan sett framträder föreställningen om Östersjön såsom en från Oceanen inskjutande landomsluten vik första gången hos Jordanes, och fullt bestämdt uttalad möta vi nu också denna uppfattning hos *Einhard* i hans Vita Caroli. »En vik, yttrar här denne om Östersjön [2], sträcker sig från Vesterhafvet mot öster. Den är af okänd längd men dess bredd öfverskrider ingenstädes 100,000 passus,» en åsikt, som säkerligen beror på kännedomen om de i den sydvestra delen af Östersjön rådande förhållandena. »Kring denna vik, fortsätter Einhard, bo många folk, nämligen Dani och Seuones, hvilka vi kalla Nordmanni och hvilka innehafva den norra stranden och alla öarne. Den södra stranden däremot bebo slaver och Aisti och andra folk». — Danerna kalla enligt frankiska annaler den ifrågavarande viken *Ostarsalt*.

Viktiga upplysningar om Östersjöländerna förekomma i flera andra historiska skildringar från denna tid, så exempel-

---

[1] *Dicuil* s. 44.

[2] *Einhard*, Vita Caroli, c. 12. Huru *Peschel-Ruge* (Gesch. d. Erdkunde s. 89) kan påstå att Einhard ej visste, huruvida Östersjön var en sluten vik eller ej, har jag svårt att förstå, helst som han omedelbart därpå citerar Einhards ord. Longitudinis incompertæ betyder naturligtvis blott att man ej hade reda på dess längd. — *Annal. Lauriss.* 808.

vis `i Ansgarii Vita, till hvilken vi senare något få återkomma [1]. Hos de mera uteslutande *geografiska* framställningarne är vida mindre att finna. Dessa följa ännu liksom förut troget de gamle auktorerna i spåren.

Men vid det nionde århundradets slut möta vi emellertid ett par mera själfständiga, af de antika författarnes uppgifter oberoende framställningar af Nordens geografi och etnografi, nämligen hos den s. k. bajerske geografen och hos konung Alfred.

*   *   *

»*Geographus Bawarus*» brukar man kalla en anonym författare från slutet af 800-talet, hvilken efterlämnat en »descriptio ciuitatum et regionum ad septentrionalem plagam Danubii», den första sammanhängande framställningen af de slaviska folken i Europa [2]. Han börjar med Obotriterna, (iste quos vocant Nortabtrezi), hvilka bo närmast intill danskarnes land (qui propinquiores resident finibus Danorum). Deras område är deladt i 53 civitates, hvarmed väl menas befästade byar. Efter att hafva talat om *Wilzerna* (Vuilci) med deras 95 civitates och fyra regiones, går geografen vidare mot öster och uppräknar öfver ett femtiotal folknamn, såväl slaviska som lettiska och finska. Till några af dessa, bland hvilka särskildt Ruzzi och Bruzi falla i ögonen, få vi senare återkomma.

De upplysningar, som förutom själfva folknamnen hos den bajerske geografen lämnas oss, äro emellertid i hög

---

[1] I det frankiska riket hade man säkerligen ej så obetydliga kunskaper om Norden, dels genom missionen, dels genom särskilda beskickningar, som hade till ändamål att noga utforska förhållandena i Norden och därom afgifva berättelser till kejsaren. Se *Annal. Lauriss. Maj.* vid år 823; *Steenstrup*, Normannerna II s. 322.

[2] Bästa editionen hos *Schafarik*, Slav. Alterth. II 673 ff. som dock ej nämnes hos *Wattenbach*, Deutschlds Gesch.-quellen I[6] s. 289. Facsimile hos *Schiemann*, Russland (1886).

grad torftiga. De inskränka sig vanligen till att angîfva, huru många »civitates», som fünnos i de olika folkens områden, samt åtskilliga mycket allmänna upplysningar, såsom att ett folks regio är »immensa», dess folk »multus», »ferocissimus» eller dylikt. Undantagsvis får man dock ett lands storlek mera bestämdt angifven [1]. Ländernas läge angifves endast i förhållande till hvarandra men utan angifvande af väderstrecken.

Detta allt oaktadt är emellertid den bajerske geografens arbete, oafsedt den betydelse det eger som källa för kännedomen om de slaviska folken vid denna tid, i geografiens historia af synnerligen stor vikt såsom ett· af de första mera betydande vittnesbörden om ett begynnande intresse för och själfständigt behandlingssätt af geografiska frågor.

* * *

Vi skola nu öfvergå till ett arbete från ungefär samma tid, som emellertid i nyssnämda afseende erbjuder ett ännu större intresse, nämligen den öfversikt af Germaniens geografi, som förekommer i konung Alfreds öfversättning af Orosii historia [2].

Germania kallar Alfred allt landet mellan Tanais, Rhen och Donau. Detta land sträcker sig, säger Alfred, i norr till Kvänhafvet (garsecg the man Cwen sæ hæt). Med Kvänhafvet menades säkerligen den Bottniska viken, men det anses tydligen af·Alfred vara identiskt med hafvet norr om Skandinavien. Troligen känner han ej dess sammanhang med Ostsæ.

Bland de inom anförda gränser boende många folken omtalar Alfred här de norr om ostfrankerna boende gamle

---

[1] Så hvad angår preussarnes land, hvarom nedan. *Schafarik* II 673, 675. Jfr också *Zeuss*, Die Deutschen und die Nachbarstämme s. 600.

[2] Se *R. Pauli*, König Aelfred, Berl. 1851, s. 307 ff. På svenska en god öfversättning och kommentar af *G. Porthan*, Konung Aelfreds geogr. beskr. öfver den europeiska Norden (Vitterh. Akad. Handl. VI s. 37—106).

saxarne (Eald Seaxan). Vester om dessa ligger floden Elbes mynning (Aelfe mutha) och Frisland, och i nordvest det landet som kallas Angeln (Angle) och *Sillende* och en del af Danmark (Dena). Norr om de gamle saxarnes land ligger *Obotritien* (Apdrede) och i nordost *Aefeldan*, samt i öster det Vendernas land som heter *Syssyle*[1].

Danskarne omtalas som tvänne folk, norddanskar och söderdanskar. Dessa senare, med hvilka Alfred tvifvelsutan afser Jutarne, hafva i söder Elbes mynning och en del af det gamla Saxen, i vester den arm af Oceanen som sträcker sig omkring landet Brittannia, i öster Obotriterna och i norr den hafsarm som kallas Östersjön (thes sæs earm, the man ha-t Ost sæ) till hvilken Alfred sålunda räknar Skagerak och Kattegat.

Nordost om söderdanskarne bo norddanskarne (North Dene) såväl på öarne som på fastlandet, och de hafva likaledes norr om sig Östersjön. Söder om dem bo Obotriterna. och öster om dem bor ett folk som kallas Osti (Osti tha leode). Hvad Alfred härmed afser är svårt att afgöra. De äro emellertid att söka på södra Östersjökusten[2]; i norr om dem är, säger Alfred, Östersjön samt Vendernas och Burgendernas land (Vinedas och Burgendas), i hvilket senare vi igenkänna Bornholm.

---

[1] Om dessa namn se *Porthan* s. 47 ff. Om Sillende se *Müllenhoff*, Deutsche Alterthumskunde V s. 123 ff. Namnet förekommer äfven (»Sinlendi») i *Thegans* Vita Hludovici c. 25 och, som vi strax få se, hos Ottar. Müllenhoff tyder namnet som »weites, wüstes geländes» och sammanställer det med skogen Jarnwith eller Isarnho som Adam omtalar. Se nedan. Att döma af Vita Hludovici och Ottar är landet att söka mellan Angeln i norr och Eider i söder. — Aefeldan är Hevellernas land Syssyle de intill dem boende Siuslernas.

[2] *Müllenhoff* II 513 antager att Alfred menar Esterna. Detta synes mig ej osannolikt, ehuruväl de förläggas öster om Obotriterna, hvilket dock möjligen kan förklaras af obekantskapen med de mellanliggande folken; det ser nämligen ut, som om Alfred tänkte sig Venderna boende på öar. Hvad som mest talar emot Müllenhoffs åsikt är att Alfred söder om Osti .förlägger *Hæfeldan*.

36

Söder om Burgenderna är Sorbernas land (Surfe), öster
om dem bo Sarmaterna (Sermende) och i norr svenskarne
(Sweon). I vester hafva de den förut omtalade hafsarmen
Östersjön. Det ser sålunda nästan ut som om Alfred tänkte
sig Östersjön ej långt bakom Bornholm taga slut; åtminstone
är det tydligt, att han ej haft kännedom om Östersjöns verk-
liga utsträckning mot öster och norr. Att han emellertid
uppfattade Östersjön som en sluten vik och sålunda var fullt
på det klara med Skandinaviens landsammanhang, är gan-
ska klart[1].

Svenskarne — fortfar Alfred vidare — hafva i söder
hafsarmen Osti, i öster sarmaternas land. Norr om dem,
på andra sidan *öknen*[2], är Kvänland (Cwênland), i nordvest
skridfinnarne (Scrîde-Finnas) samt i vester norrmännen (North-
menn).

Med denna framställning slutar Alfred sin geografiska
öfversikt öfver Norden. Vi se, att han i mycket har en
riktig uppfattning om de geografiska förhållandena därstädes,
och vi få senare tillfälle att närmare ingå på ett och annat
i hans skildring.

* * *

I sammanhang med Alfreds geografi hafva vi att något
syssla med de tvänne sjöfaranden Ottars och Wulfstans rese-
berättelser, som konungen omedelbart efter densamma låtit följa.

Ottar eller *Ohthere*, som namnet på anglosaxiska skrifves,
var en norrman från Halogaland (Halgoland), som gått i

---

[1] *Ruges* åsikt (Gesch. d. Entdeck s. 16), att *Ottar* ej kom till någon
insikt om Skandinaviens landsammanhang är oriktig. Detta har nämligen
lika litet af Alfred och Ottar som af någon annan nordisk författare ifråga-
satts. Det är endast de från *antika* föreställningar utgående författare,
som hade några svårigheter att få denna sak klar för sig.

[2] Med öknen menas säkerligen de stora ödebygderna mellan Up-
land och Dalarne i söder och Jämtland och Helsingland i norr, hvaraf
skogen Ödmorden ännu i senare tid var en lemning. *Porthan* s. 58.

konung Alfreds tjänst[1]. Denne omtalade för konungen, att
han en gång, dels för att lära känna landet i norr, dels
hufvudsakligen för att skaffa sig hvalrosständer, gjort en
färd till Bjarmernas eller Permiernas land *(Beormas)*, som
här för första gången omtalas[2]. Han hade därvid seglat
norrut utmed det öde landet, där endast tidtals några *Finnar*
(lappar) uppehöllo sig som jägare och fiskare. Till babord
hade han öppna hafvet (West sæ). Efter tre dagar hade
han kommit så långt norrut som hvalfångarnes längsta färder
sträckte sig (sva hwæl huntan fyrrest farath). Efter en färd
af ytterligare tre dagar böjde sig landet mot öster, hvadan
han fick vänta på vestlig eller något nordlig vind för att
kunna fortsätta sin färd. Sedan han därpå i fyra dagar
seglat med denna vind, fick han åter vänta på full nordan-
vind, emedan landet böjde sig åt söder, hvarpå han åt detta
håll seglade i fem dagar. Han kom då till en stor flod i
Bjarmernas land, i hvilka vi tvifvelsutan hafva att igen-
känna Dvina[3].

[1] Alfred kallas hans *hlaford*.

[2] *Schafarik* (I 304) och *Müllenhoff* (II 74) anse dock sannolikt att
detta folk åsyftas med de Broncas som Jordanes omtalar (Getica c. XXIII).

[3] *Storms* uppfattning, att Ottar ej kommit till Dwina utan till någon
flod vid södra kusten af Kola, förmodligen i Kandalaxviken, kan jag så-
ledes ej biträda. Hans åsikt hvilar nämligen på den felaktiga förutsätt-
ningen, att Alfred missuppfattat väderstrecken. Alfred förlägger — menar
Storm — Kvänland norr om Sverige; Kvänland är Finland och ligger
nordost om Sverige; alltså är norr hos Alfred nordost o. s. v. Då nu
Kvänland säkerligen ej är att söka i Finland utan i Norrland, förlorar
detta i alla händelser ytterst svaga bevis all kraft. För öfrigt är att
märka, att Ottar verkligen vet sig vid seglingen på andra sidan om Nord-
kap fara åt sydost, då han säger att han väntade på vestlig eller *något
nordlig vind*. En segling in till Kandalax går dessutom mot *nordvest*,
hvilket Ottar skulle uppfattat som *söder!* Slutligen ha *här* aldrig an-
träffats *bjarmer*, hvilka däremot kort efter (920) och sedan allt framgent
omtalas *vid floden Dwina. Storm*, Om Opdagelsen af Nordkap og vejen
til det Hvide Hav. Norske geogr. Selskabs Årbog V 1893—94 s. 91 ff.
Ahlenii yttrande om en »gängse missuppfattning» af väderstrecken i an-
tydd riktning saknar stöd. *Ahlenius*, Ol. M. s. 23.

Hela kuststräckningen i norr af den skandinaviska halfön ända bort till Hvita hafvet var sålunda upptäckt. —

Sitt eget land, Norge, skildrar Ottar som mycket långt och smalt. I söder är det bredast, omkr. 60 mil, på midten 30 och längst i norr endast vid pass 3 mil. Endast vid kusten finnes odlad jord och betesmarker; i öster sträcker sig en öde bergsrygg (vilde Moras), som bebos af »Finnas» och, så bred, att man på somliga ställen behöfver två, på andra ställen blott en vecka för att färdas öfver densamma.

På andra sidan om denna fjällrygg ligga öster om Norge två andra länder, Sweoland och Cwenaland, det förra i bredd med dess sydliga, det senare med dess nordliga del, hvarest landskapet Halgoland var beläget. I fjällen mellan Nordmännens land och Kvänland funnos stora sötvattenssjöar, öfver hvilka kvänerna på små lätta båtar, som de ditburo öfver land, plägade fara för att härja nordmännens område: dessa härjade också stundom in på kvänernas land[1].

Från Halgoland kunde man segla till en hamn i söder, Sciringesheal, hvartill kräfdes en månads tid, om man endast seglade på dagarne. Söder om denna hamn, hvilken säkerligen är identisk med den i sagorna omtalade Skiringssal i Vestfold[2], sträckte sig ett stort haf upp i landet. Det är så bredt, att man ej kan se öfver detsamma, och det går många hundra mil in i landet. På andra sidan därom, således i söder, ligger Gotland (Jutland) och längre bort Sillende.

Det är tydligt, att här är fråga om Skagerak; och dess fortsättning Kattegat och Östersjön är säkerligen det, som

---

[1] Om Kvänland och kvänerna se *Wiklunds* uppsats i Arkiv för nord. filologi 1896, s. 101-17. Vidare nedan.

[2] *Langebeks* gissning (S. R. D. II s. 115) att Sciringesheal är Cyningsesheal, Konghäll, är säkerligen oriktig. Såväl namnet som läget tyda osökt på Skiringssal. — I förbigående må anmärkas, att landskapet Vestfold, Westarfolda redan omtalas i Annal. Lauriss. vid år 813. Maurers åsikt, att detta Westarfolda är nuv. Nordfrisland (Västenland i Valdemar II jordebok) kan nämligen ej vara riktig. *Maurer*, Bekehrung I s. 52 ff.

åsyftas, då det säges, att hafvet sträckte sig många hundra mil inåt landet. Likasom Alfred själf kände äfven tydligen Ottar Östersjöns natur af ett slutet hafsbäcken, och om Skandinaviens landsammanhang med det andra Europa har han säkerligen aldrig tviflat.

Från Sciringesheal hade Ottar gjort en sjöfärd söderut till en hamn, Hæthum (Hedaby eller Slesvig). Vid denna färd hade han under tre dagar på babord Danmark (Denamearc), och på styrbord öppna hafvet samt undor de två följande dagarne till styrbord Gotland (Jutland) och Sillende och åtskilliga öar; här voro anglernas forna bostäder[1]. Till babord hade han de öar, som höra till Danmark. Så ankom han till Hæthum, som ligger emellan Angeln, saxarnes och Vendernas land och hör under danskarne. — Ottar seglade sålunda utmed Sveriges vestkust, sedan norr om Seland och Fyen genom Lilla Belt till Slesvig.

*   *   *

Hæthum var utgångspunkten för *Wulfstans* färd till Weichsels mynning. Under hela sin resa, som räckte sju dagar och sju nätter, hade denne resande till styrbord Wenden (Weonodland) men till babord först Langaland, Læland, Falster och Scôneg, hvilka länder höra till Danmark, sedermera Burgendaland (Bornholm), som hade sin egen konung, och Blecingêg (Blekinge), Meore, Eowland och Gotland, hvilka alla länder tillhöra Sverige.

Weichsel är, — säger Wulfstan[2] —, en ganska stor flod och ligger intill Wendernas land och Witland, som till-

---

[1] Jfr *Beda* Hist. Eccl. I c. 15, som omtalar, att Anglerna kommit från ›illa patria, quæ Angulus dicitur et ab eo tempore usque hodie manere desertus inter provincias Jutarum et Saxonum perhibetur‹. Om Angler här varit bosatta torde emellertid vara mycket tvifvelaktigt. Se *A. Erdmann*, Über die Heimat und den Namen der Angeln, Ups. 1890. *P. Lauridsen* Vort Folks Sydgrænse (Sönderj. Årb. 1893). Frågan hänger på hvad vikt man skall tillmäta Bedas vittnesbörd.

[2] *Porthan* a. a. s. 96.

hör Esterna. Den flyter ut från Wendernas land och utfaller i Estsjön (Estmere), hvarmed tydligen afses Kurische Haff. Denna sjö är, fortsätter Wulfstan, åtminstone femton mil bred, och i densamma utfaller äfven österifrån floden Ilfing (Elbing). Vid stranden af sjön låg staden Trûso, hvars lämningar man trott sig återfinna i byn Preuschmark [1] nära östra stranden af den lilla sjön Drausen, mellan hvars namn och Truso torde finnas ett etymologiskt samband [2]. I nordvest utflyter sjöns vatten i hafvet genom Weichselmynningen (Wisle mutha).

Om Esternas land säger Wulfstan [3] att det är ganska vidsträckt, och där finnas många städer, och öfver hvar stad herskar en konung. Tydligt är, att dessa Ester äro identiska med de förut omtalade Aisti, som vi mött redan hos Tacitus, och hvarmed som nämdt menades de preussisk-litthauiska folken vid sydöstra Östersjökusten. Särskildt afser Wulfstan här de närmast öster om Weichsel boende preussarne. Öfver dessa Esters lefnadssätt gifver han oss en intressant skildring, särskildt utförligt berättar han om begrafningsbruken hos dem. Det är den första utförligare framställning af dessa folks förhållanden, som allt sedan Tacitus träder oss till mötes i Vesterlandets geografiska litteratur.

* * *

Vi finna sålunda, hurusom under det nionde århundradet kännedomen om Norden hos vesterländska författare allt mera utvidgats. Man besitter redan ett på samtida berättelser grundadt vetande, som på nästan alla punkter såväl i omfattning som i klarhet vida öfverträffar, hvad antikens bäst underrättade författare visste om de nordiska länderna. Så synes man varit fullt på det klara med Östersjöns egenskap af en af land omsluten vik och i följd däraf med

---

[1] *Heyd*, Gesch. d. Levantehandels I s. 86.
[2] *Forster*, Gesch. d. Entdeck. s. 96.
[3] *Porthan* s. 99 ff.

Skandinaviens egenskap af halfö, hvarom den antika verlden
var okunnig. Äfven om de kring Östersjön liggande län-
derna har man något så när riktiga föreställningar, särskildt
hvad angår de sydvestra delarne, men äfven om östligare
trakter finna vi t. ex. hos Wulfstan viktigare upplysningar.
Om ländernas läge på den skandinaviska halfön ger oss
Ottar en i sina hufvuddrag riktig skildring och den nord-
liga kusten af Europa förbi Nordkap mot öster ända till
Hvita hafvet och Dwinas mynning är redan känd och be-
faren. Af antiken har man sålunda på detta område intet
mer att lära, och de från densamma hämtade uppgifter, som
man ännu länge, man kan säga under hela Medeltiden, be-
höll, tjäna endast att bringa förvirring och oreda i begreppen.

Några mera betydande upplysningar om Norden utöfver
hvad redan är omtaladt, har den följande tiden fram till
Adam icke att uppvisa. Till de smärre uppgifter, som hos en
Thietmar af Merseburg, Widukind och andra af denna tids
historieskrifvare förekomma, få vi senare vid behandlingen
af Adam tillfälle att återkomma. Vi anmärka här endast
till slut, att genom den beröring, hvari å ena sidan det
anglosaxiska och å andra sidan det tyska riket stod med
de nordiska länderna, kännedomen om dessa hölls vid makt

---

[1] Huru vida omkring kännedomen om Norden var spridd under
det tionde århundradet, visar, trots de få upplysningar, som de vester-
ländska källorna därom gifva, de arabiska berättelser vi från flere håll
ega. Så lemnar oss *Ibn Foszlan* synnerligen intressanta skildringar af de
svenska rus, med hvilka han på sin resa till Bulgarernas land vid Wolga
922 sammanträffade. Af största intresse är också den berättelse, som *Ibra-
hîm ibn Jacûb* har lemnat angående särskildt slavernas länder. Denne
Ibrahim var en spansk jude, som troligen 973 på en beskickning besökte Otto
I:s hof i Merseburg. Hos kejsaren synes han hafva fått sina mesta upp-
lysningar om slaverna — han anför honom uttryckligen som sin sages-
man, — hvadan man kan anse hans framställning som ett vittnesbörd
om hvad man i Saxen den tiden visste om dessa länder. Om Ibrahim
se *F. Wigger* i Mecklenb. Jahrb. 1880 och Gesch. schreiber d. deutsch.
Vorzeit 10 årh. Bd VI. Vi få senare ofta tillfälle att återkomma till hans
framställning.

och på åtskilliga håll jämväl förökades. Särskildt gäller detta om det senare landet, som under de saxiska kejsarne stod i mycket nära politisk beröring med såväl Danmark som de slaviska länderna vid södra Östersjökusten.

III.

Adam af Bremen. Allmänna geografiska förutsättningar.

Det är att beklaga, att vi om författaren till den geografiska skildring, med hvilken vi i det följande skola sysselsätta oss, hafva så synnerligen få underrättelser. Till och med om hans rätta namn skulle vi vara i ovisshet, då han i dedikationen till ärkebiskop Liemar endast tecknar sig med A., såvida vi ej därom hos Helmold erhölle bestämd upplysning[1]. Om hans härkomst, uppfostran o. s. v. veta vi alldeles intet. Lappenbergs åsikt[2], att han skulle vara född omkring 1040 är ej osannolik, men grundar sig emellertid på blotta förmodanden. Så är äfven förhållandet med den vanliga uppgiften om hans härstamning från det öfre Tyskland, Thüringen eller Meissen, en förmodan, som hos Lappenberg väl hufvudsakligen grundar sig på uttalandet i det af en senare hand tillagda 145:te skoliet.

På liknande skäl grundar sig äfven berättelsen, att Adam vid domkyrkoskolan i Magdeburg skulle erhållit sin under-

---

[1] »Magister Adam, qui gesta Hammaburgensis ecclesiæ pontificum dissertissimo sermone conscripsit.» *Helmold,* Chron. I c. 14.

[2] *Lappenberg,* inledn. till Laurents öfversättn. Jämförelsevis ung måste Adam hafva varit vid sin ankomst till Bremen, då han i Epilogen till Liemar kallar sig en yngling. Af konung Sven kallas han filius (Ad. II 41).

[3] *Lappenberg,* Von den Quellen, Handschriften u. Bearbeitungen des Adam v. Bremen. Archiv f. ält. deutsche Gesch. Kunde VI s. 766 ff.

visning, ehuruväl saken i ock för sig ej är osannolik[1]. Däremot kan Günthers förmodan, att han därstädes haft till lärare den berömde Otrich, omöjligen vara riktig, ity att denne afled omkring hundra år innan Adam skref sin kyrkohistoria[2].

Det enda, som vi om Adam med full visshet veta, är att han i ärkebiskop Adalberts tjugufjärde regeringsår kom till Bremen[3], där han blef scholasticus eller föreståndare för den därvarande domkyrkoskolan. Såsom sådan eller magister scholarum befinnes han äfven hafva undertecknat en urkund af år 1068[4], men några närmare upplysningar om honom hafva vi ej heller från denna tid. Af hans ord framgår blott, att han stått ärkebiskop Adalbert nära[5].

Ej långt efter sin ankomst till Bremen begaf sig Adam enligt hvad han själf berättar[6], på resa för att uppsöka den danske konungen Sven Estridsson, hvilken som bekant stod i nära förbindelse med den bremiske ärkebiskopen. Hos den

---

[1] Skolan i Magdeburg hade visserligen stort anseende (se t. ex. *Cosmas af Prag* I c. 25) men var ingalunda, som Lappenberg menar, den enda af betydelse i norra Tyskland. Wattenbach påpekar t. ex. Hildesheim och jag vill dessutom erinra om *Paderborn,* hvarifrån enl. Helmold (I c. 44, 45) Adams efterträdare Vicelin kom till Bremen. »Under biskopen Imad [Adams samtida] blomstrade, berättas i Vita Meinwerci (c. 160), vid kyrkan i Paderborn alla studier. Där funnos mucisi och dialektici, där undervisades i trivium och med all flit i Quadrivium; där funnos utmärkta matematici och astronomer, fysici och geometrici. Berömd var där Horatius och den store Virgil, Sallustius och den noble Statius; alla skrefvo verser, uppsatser och vackra sånger.»

[2] *Günther,* Ad. v. Bremen s. 8. Otrich dog i Benevent den 7 Okt. 981. *Thietmar,* III c. 8. Skolan hölls dock efter hans död uppe af Ekkehard den röde och Geddo. *Wattenbach* I s. 351. — Adam omtalar på ett ställe (II c. 10) Otrich; dock finnes ej detta i Wienerkodexen. Att Adam på ett par ställen särskildt omotiveradt skulle omtala Magdeburg, såsom *Lappenberg* (Archiv 767) påstår, synes mig ej vara fallet.

[3] *Adam* III c. 4.

[4] *Lappenberg.* Archiv s. 768.

[5] *Adam* III c. 2, 64 och annorstädes.

[6] *Adam* III c. 53.

danske konungen, för hvilken Adam hyser en stor beundran, rönte han ett mycket godt mottagande och synes en längre tid hafva uppehållit sig vid det danska hofvet. Här inhämtade han sin kännedom om de nordiska ländernas förhållanden.

Efter sin återkomst till Bremen företog sig Adam att skrifva en historia öfver ärkestiftet Hamburgs biskopar, ett arbete, hvars första böcker åtminstone voro afslutade år 1076, då konung Sven ännu lefde [1].

Detta arbete är som bekant ej blott en af de viktigaste källorna för vår kunskap om Nordens äldre historia utan innehåller äfven den första mera utförliga skildring af Nordens och Östersjöländernas geografiska och etnografiska förhållanden, och det är ur denna synpunkt, vi i det följande skola göra det till föremål för en närmare undersökning.

* * *

Adams arbete är som bekant indeladt i fyra böcker, af hvilka de trenne första innehålla hans historia öfver ärkestiftet Hamburgs biskopar, under det att den fjärde innehåller den geografiska öfversikten öfver Norden. Men äfven i sin historiska framställning har Adam här och där inflätat åtskilliga geografiska skildringar af stort intresse. Så möter oss genast i början af den första boken en beskrifning öfver Saxarnes land, till hvilken i ett skolion ansluter sig en öfversikt öfver Frislands pagi (skol 3 o. 4); och i den andra bokens 15:de kapitel kommer en skildring af det transalbingiska Saxen eller Nordalbingen samt gränsen mot slaverna, den s. k. Limes Saxonicus. Den utförligaste af de i de historiska böckerna förekommande geografiska skildringarne är emellertid den i kap. 18—19 af andra boken inflätade beskrifningen öfver Slavernas land, öfverhufvud ett af de intressantare partierna af Adams hela geografiska framställning.

---

[1] *Adam* II c. 17, 18, 30. Konung Sven dog i Søderup i Sønderjylland den 28 April 1876. Se *Joh. Steenstrup:* I hvilket Aar døde Svend Estridssøn. D. Hist. Tidskr. VI R. Bd IV s. 722 ff.

Den största delen af Adams geografiska skildringar innehålles emellertid som nämdt i den fjärde boken, *descriptio insularum aquilonis*, som dess titel lyder. Den börjar med en beskrifning öfver danskarnes land (kap. 1—9), hvarpå följer en skildring af det baltiska hafvet, dess öar och de vid dess stränder boende folken (kap. 10 –20). I de följande kapitlen behandlar Adam så Sverige, Norge och angränsande länder (kap. 21—33), Vesterhafvet och dess öar, Island, Grönland och Vinland (kap 34—38). Slutligon berättas i kap. 39—40 om frisernas nordpolsfärd, hvarpå boken afslutas med några allmänna betraktelser om de nordiska ländernas omvändelse genom Hamburgs kyrka.

Sina uppgifter om Norden har Adam, enligt hvad han själf uppgifver, till största delen fått från den danske konungen Sven Estridsson [1]. Hvad i öfrigt beträffar källorna för Magister Adams nordiska geografi få vi därtill återkomma vid den speciellare redogörelsen för densamma. Men innan vi dit öfvergå, skola vi yttra några ord om Adams allmänna geografiska förutsättningar.

* * *

För att härom få någon föreställning ha vi i det föregående gjort en kortfattad redogörelse för den äldre Medeltidens allmänna geografiska uppfattning, då hos Adam endast förekomma sparsamma uppgifter angående frågor inom den matematiska geografiens område. Vi finna emellertid af hans framställning, att han var väl bekant med de bästa under den äldre Medeltiden tillgängliga kosmografiska handböckerna, såsom Orosius, Martanus Capella och Solinus [1] samt möjligen äfven Isidorus af Sevilla [2] ehuru väl denne aldrig hos Adam

---

[1] »Novissimis archiepiscopi temporibus, cum ego Bremam venerim, audita ejusdem regis sapientia, mox ad eum venire disposui: a quo etiam clementissime susceptus, ut omnes, magnam hujus libelli materiam ex ejus ore collegi. Erat enim scientia litterarum eruditus ...» *Adam* III c. 53.

[2] Däremot synes han ej hafva användt Plinius.

uttryckligen omtalas [1]. Vidare har han användt Beda [2], samt
— hvilket under denna tid ej ofta förekommer — Paulus
Diaconus. På ett ställe [3] citerar Adam jämväl Hrabanus
Maurus, dock ej hans kosmografi, af hvilken han för öfrigt
ej kunde hafva synnerligen mycket att lära. Man kan så-
lunda förutsätta, att Adam på ifrågavarande område varit
likaså hemmastadd som någon af den föregående Medeltidens
kosmografer. Huruvida han af Gerbert och hans skola hämtat
några starkare intryck framgår ej af hans bok med någon
tydlighet men är i och för sig ej osannolikt, då man hos
Adam, som vi strax skola se, finner en i jämförelse med den
föregående tiden ovanligt klar uppfattning af de från antiken
hämtade satserna af den allmänna geografien.

Som jag i det föregående påpekat, var läran om jordens
klotform under hela Medeltiden antagen af alla författare
af någon betydenhet, och vi ha därför all anledning att vänta
samma åsikt af Adam, och i själfva verket finna vi också, att
han yttrar sig om denna sats som om en klar och oomtvistlig
sanning [4]. Men under det, att denna lära hos många af den
föregående tidens kosmografer var föga mer än en från an-
tiken inlärd sats [5], finna vi hos Adam en mycket klar insikt
af dess innebörd. Han utgår nämligen härifrån, då han skall
förklara det på Halagland inträffande fenomenet af dagarnes
olika längd under sommar- och vinterhalfåret, då där under
fjorton dagar af sommaren är oafbruten dag och under vintern
lika lång natt. »På grund af jordens klotform — säger han
— är det nödvändigt, att solen under sitt omlopp kring jorden

---

[1] Hos Adam förekomma uttryck, som mycket påminna om Isidor:
så t. ex. är uttrycket i IV c. 49 (om ebb och flod) mycket likt det som
Isidor, de rerum natura c. 40 använder.

[2] Såväl hans kyrkohistoria som hans arbeten de natura rerum och
de ratione temporum. *Adam* IV c. 35, 40; skol. 20.

[3] *Adam* I c. 24. Jfr. *Lappenberg*, Archiv VI s. 796.

[4] »Nam propter rotunditatem orbis terrarum necesse est ut...»
Stupenda res et incognita barbaris. *Adam* IV c. 37.

[5] Se ofvan kap. 1 t. ex. Beda.

genom sitt närmånde på ena stället frambringar dag, genom sitt aflägsnande på andra stället natt. Och då den inemot sommarsolståndet går upp [mot norr] förlänger den för dem som bo i Norden dagarne och förkortar nätterna; men då den inemot vintersolståndet drar sig tillbaka [mot söder] åstadkommer den för dem som bo i söder samma sak»[1].

Adam skildrar sålunda ganska klart dagarnes olika längd mot polerna och orsakerna därtill. Det förtjänar påpekas, att Adam härvidlag visar sig stå tydligt framför de flesta äldre författare som om förhållandena vid polerna hyste de mest olika åsikter i det somliga ansågo att här rådde oafbruten natt, andra åter att inom hela den kalla zonen rådde halfva året oafbruten natt och under den andra hälften ständig dag.

Angående orsakerna till *flodfenomenet*, hvarom Adam talar i IV c. 40, synes han ej hafva bildat sig någon fullt bestämd uppfattning. Emellertid är han ej okunnig om de rådande åsikterna i denna sak. Särskildt må påpekas, att han känner till det som härom säges hos Beda, hvilken riktigare och mera utförligt än någon annan af den äldre Medeltidens författare redogjort för ebb och flod. Af de ordalag, som Adam vid omnämnandet af Macrobii och Bedas yttranden härom använder, skulle man emellertid kunna sluta, att han anser deras åsikt sannolik, ehuru han ej vill bestämdt uttala sig[2].

Hurudan Adam tänkte sig jordytans form, framgår ej heller med full tydlighet. Det vill dock synas som om han — något som man i alla händelser skulle förmodat — ansåg den vara cirkelrund, i en lång båge omsluten af oceanens våg. Denna åsikt var nämligen, som vi hafva sett, den under Medeltiden i vesterlandet allmänt rådande, såväl bland dem, som förkastade som bland dem, som antogo läran om jordens

---

[1] *Adam* IV c. 37. Jfr. *Paulus Diaconus*, Hist. Langob. I c. 5.

[2] Jfr *Isidor*, de nat. rer. c. 40: Orsakerna till flodfenomenet känner blott Gud. Enl. *Paulus* (I c. 6.) förorsakas floden af de nämnda voragines.

48

klotform[1]. Att Adam i alla händelser ansåg jordytan på alla
håll omslutes af vatten är tydligt af IV c: 34, då här talas
om »oceanum, qui totum mundum amplectitur».

Hvad i öfrigt beträffar Adams uppfattning härvidlag kan
anmärkas att han i likhet med Beda anser kometerna före-
båda olyckor (Ad. III c. 50). Betecknande för Adam är
emellertid att han tillägger ett något reserveradt »nisi fallor».

IV.

Adams skildring af Nordeuropas länder: Saxonia, Frisia.

Som vi ofvan omtalat, har Adam genast i början af den
första boken af sin historia om de hamburgska biskoparne
en skildring af Saxarnes land och folk. Han anför då till
en början en mängd af de äldre författarnes uppgifter, som
han dock till en del missförstår[2]. Beträffande Saxens äldsta
innevånare åberopar han sig på »Romanis scriptoribus», hvar-
med han säkerligen här åsyftar Lucanus[3]. Vidare anföras
ställen ur Orosius och Gregorius af Tours samt Einhard.
Men den största delen af sina uppgifter hämtar han emeller-
tid från en annan källa, nämligen Translatio S:ti Alexandri

---

[1] *Adam* IV c. 30. I denna punkt öfverensstämde nämligen de bibliska
och de antika föreställningarne. Under Medeltiden tänkte man sig äfven det
fasta jordklotet såsom flytande inuti ett vattenklot, så att en kalott med cirkel-
rund omkrets sköt öfver vattnet. Jfr *Kretschmer*, Die Entdeckung Amerikas s.
138 ff. Den i Vesterlandet sporadiskt uppdykande åsikten, att jordytan var
fyrkantig, synes mig ej kunna hafva något sammanhang med Kosmas
Indikopleustes' och den syriska skolans föreställningar, utan är säkerligen
en egen uppfinning, hvilket t. ex. hos Hrabanus tydligt framgår (se ofvan
Kap. I). — Att jordytan är fyrkantig tror äfven Gervais de Tilbury m. fl.
Däremot synes det mig ej kunna dragas några slutsatser af de fyrkantiga
verldskartorna, såsom Albykartan och tabula cottoniana, ty här kan det bero
på pergamentets form.

[2] *Adam* I c. 1—10.

[3] *Adam* I c. 3. Lucanus, Phars. II 448—50. *Lappenbergs* not.

.af *Meginhard*, hvilken Adam emellertid förvexlar med Einhard, något som troligen beror på, att han läst namnet som M. Eginhard (Magister E.)[1]. Detta arbete, hvars första del är författad af Rudolf från Fulda, har hämtat en stor del af sina skildringar öfver germanerna från Taciti Germania, hvilket arbete sålunda, ehuru för öfrigt under hela Medeltiden, som det synes, alldeles okändt[2], medelbart blifvit en källa för Adams geografiska verk.

Men Adam anför ej blott andras uppgifter om Saxarnes land, utan han ger äfven själf en kortfattad öfversikt af Saxonias geografi. Saxen liknar, säger han, enligt uppgifter af dem, som riktigt uppmätt det, en liksidig triangel, hvars sida har en utsträckning af åtta dagsresor, om man bortser ifrån det på andra sidan om Elbe liggande landet. Triangelns första hörn nedskjuter mot söder ända till floden Renus, det andra börjar vid kusten af landet Hadelohe och sträcker sig utefter floden Albia mot öster ända till floden Sala, där det tredje hörnet är beläget.

Saxen är, fortsätter Adam, berömdt för sina innevånares tapperhet och sin fruktbarhet (viris, armis et frugibus inclita). Det är helt och hållet ett slättland, och endast här och där höja sig några kullar. Det saknar endast vin[3], för öfrigt frambringar det alla lifsförnödenheter. Landet är öfver-

---

[1] *Lappenberg*, Archiv VI s. 773, »Möglich bleibt es freilich noch, tillägger han, dass Adam ein grösseres Geschichtswerk eines Einhard vor sich hatte, welcher gleich dem Eckiard, dem Ursperger Abte und Albert v. Stade Einhards Leben Karls des Grossen fast ganz aufgenommen hatte, und gleich jenem schon die bei Adam exceripirten drei ersten Capitel der Translatio S. Alexandri enthielt.»

[2] Jfr *Holtzmann*, P. Taciti Germania s. 20. *Wattenbach*, Deutschlands Geschichtsquellen I s. 239.

[3] *Adam* I c. 1. Adalbert försökte förgäfves att i Saxen plantera vin. *Adam* III c. 36: »Nam et hortos et vineas in terra plantans arida, licet studio inefficaci multa temptasset...» Orden förekomma visserligen ej i Wienerkodexen men synas mig otvifvelaktigt äkta att döma af det följande uttrycket, som tydligen hit hänför sig: »Ita mens alta viri pugnans contra naturam patriæ.»

4

allt fruktbart, rikt på skogar och betesland; öfver all beskrifning fruktbar är trakten invid Thüringen samt vid floderna Sala och Renus. Blott på gränsen till Fresia, där den är sumpig, och invid Albia, där den är sandig, är jordmånen något sämre. Öfverallt vattnas landskapet af en mängd likaså vackra som väl belägna (oportuna) vattendrag.

Af dessa floder omtalar Adam de viktigaste, Albia, Sala, Wisara och Emisa. Om den förstnämda, Albis eller Elbe säger Adam, att den enligt »romarnes vittnesbörd» var den allra största[1]. Floden, som nu kallas *Albia*, upprinner på andra sidan Bohemia (Böhmen) i en djup skog i Mährernas land[2] (in profundissimo saltu Marahorum), flyter i sitt öfre lopp genom böhmarnes och sorabernas land, skiljer i sitt mellersta saxarne från de hedniska slaverna samt i sitt nedre stiftet Bremen från Hamburg, hvarefter den nära Frisernas land utfaller i den brittanniska oceanen, ej långt nedanför Hammaburg[3]. Nära intill staden Magdeburg utfaller i Elbe floden *Sala* (Saale) som upprinner i Thüringewald (in saltu Thuringiæ), hvarest äfven den tredje floden, *Wissara* (Weser) har sin källa. Denna flod, äfven kallad Wirraha, ger Adam också namnet Wissula, hvilket enligt Lappenberg skulle bero på en förvexling med den flod Visula (Weichsel), som Einhard[4] omtalar. Det är. emellertid att märka, att Adam säger, att den *nu* kallas Wissula, hvadan denna åsikt ej torde vara riktig. Namnet Wissula är blott en något afvikande form från det i andra handskrifter förekommande Wisura eller Wissuris, möjligen blott ett skriffel.

Den fjärde af Saxonias stora floder är, fortsätter Adam[5], *Emisa* (Ems), som upprinner i Patherburnerskogen (in saltu

---

[1] *Lappenberg* (not) förmodar, att Adam här tänker på *Lucanus* III 51. Man kunde äfven tänka på ett ställe hos *Solinus*, ed. Mommsen s. 108.

[2] *Adam* I c. 2; II c. 19.

[3] *Adam* ibid.

[4] *Einhard*, Vita Caroli c. 15. *Lappenberg* not.

[5] *Adam* I c. 2. Stycket om Ems saknas i Wienerkodexen.

Patherburnensi), nuv. Teutoburgerwald, och bildar gränsen
mellan Westfalerna och de öfriga saxiska stammarne, hvarmed
Adam naturligen åsyftar Ostfaler och Engrier[1]. Floden fort-
sätter därpå midt igenom Frisernas land till den brittanniska
oceanen.

Floden Wesers mynning och »det träsk, som kallas
Waplinga», hvilket väl är att söka i närheten af den numera
i Jadebukten, fordom i Weser, utfallande Wapel, bilda gräns
mellan Saxonia och *Fresia* (Frisland)[2]. Detta senare är ett
kustland, otillgängligt genom stiglösa kärr (inviis inaccessa
paludibus). Det består af 17 pagi, af hvilka 7, nämligen
Ostraga, Rustri, Wanga, Trismeri, Herloga, Nordi och Mor-
seti[3], hvilka tillsammans hafva omkring 50 kyrkor, höra
till stiftet Bremen. Från det öfriga Frisland skiljes denna
del genom träsket Emisgoe, hvilket synes vara att söka vid
nedre Ems[4], samt hafvet (mare oceanum).

Det behöfver knappast påpekas, att Frisland hos Adam
liksom hos öfriga af den äldre Medeltidens författare
icke innefattar Nordfrisland[5] utan endast det gamla Frisland,
som sträckte sig utmed Nordsjökusten från Wesermynningen

---

[1] Jfr *Widukind*, Hist. sax. I c. 14. *Einhards Ann.* 776 ff.

[2] Skol. 3. — Skol. 4 är hämtadt ur Vita Liudgeri c. 22.

[3] Asterga, Riustri, Wanga, Herle och Nordendi, sål. no. delen af
nuv. Ostfrisland. Morseti och Trismeri kunna ej med säkerhet igenfinnas.
Jfr kartan hos *Richthofen*, Untersuchungen II, 2.

[4] Det är säkerligen samma palus eller marskland, som i den af
Adam (I c. 13) anförda urkunden omtalas mellan Emisgoe och Ostergoe,
sål. i trakten af nuv. Grossefehn v. om Hochmoor.

[5] Nordfriserna omtalas först af *Helmold* (Chron. I c. 70) och *Saxo*
(Fresia minor. Saxo ed. Holder s. 4; 464). Frågan om deras invandring
är ännu ej afgjord. *Lauridsen*, Om Nordfrisernes Indvandring i Sønder-
jylland (D. Hist. Tidskr. VI R. IV Bd s. 318 ff. antager en mycket sen
invandring. omkring år 1000. Sannolikt började dock invandringen mycket
tidigare; det är ej osannolikt, att den står i samband med frisernas härj-
ningar på danskt område under det nionde århundradet, som frankiska
annaler omtala. *Jörgensen*, Frisernas invandring i Sønderjylland. (Sønderj.
Aarbøger 1893).

i öster till ungefär nuvarande gränsen mellan Holland och Belgien i sydvest. Här låg under den äldre Medeltiden det jämväl hos Adam[1] omtalade *Cinkfal* eller Sinkfala, en »flumen» eller rättare hafsvik, som förbi Sluys och Damme sträckte sig in i Flandern i riktning mot det nuv. Brügge, ungefär där Leopoldkanalen nu går. År 1180 spärrades dess inlopp af sanden, men förut var här, hvilket äfven af Adams ord framgår, en af Flanderns mest besökta hamnar[2].

På andra sidan om Elbe kommer Adam därpå till den fjärde afdelningen af Saxarne, nämligen *Transalbingerna* eller *Nordalbingerna*. Deras land, säger han[3], begränsas i söder af floden Albia och i norr af floden Egdore (Eider), som bildar gränsen mellan Danskarnes och Saxarnes land. Den östra gränsen mot Slavernas land skildrar Adam med stor noggrannhet, och det är tydligt, att han här helt enkelt har afskrifvit någon äldre urkund eller krönika[4]. Jag skall därför ej här något närmare ingå på denna framställning af limes Saxoniæ. Jag vill endast nämna, att enligt Adam gränsen gick från Elbes östra[5] strand öfver Billes källor mot norr utefter Schwentinefloden till Östersjön (pelagus Scythicum)[6].

De transalbingiska Saxarne bestå — säger Adam[7] — af tre stammar. Af dessa bo *Tedmarsgoi* eller Ditmarserna

---

[1] *Adam,* skol. 96.

[2] *K. Richthofen,* Untersuch. über Friesiche Rechtsgeschichte II 1 s. 54 ff.

[3] *Adam* I c. 15.

[4] *Invenimus* quoque limitem Saxoniæ, quæ trans Albiam est, *præscriptum a Karolo et imperatoribus ceteris,* ita se continentem. *Adam* II c. 15.» — Günthers något exalterade utrop att här »unser Historiker seine geographischen Sporen verdient» synes därför något malplaceradt. *Günther,* Adam v. Br. s. 18.

[5] Detta uttryck må påpekas, då det visar att Adam ej, som man eljes (af II c. 19) kunde tro, tänkte sig Elbes riktning vestlig utan nordvestlig.

[6] Ifrågavarande gräns undersöker *Bangert,* Die Sachsengrense 1893. Se *Kirchoff* i Peterm. Mitth. 1893. Litt. Ber. s. 149.

[7] *Adam* II c. 15.

närmast Oceanen. Deras moderskyrka ligger i *Melindorph* (Meldorf vid Miele), hvarest enligt *»liber donationum»* Willerich ofta uppehållit sig. Den andra stammen är Holcetæ, som· enligt Adam fått sitt namn däraf, att de bo i skogar (dicti a silvis, quas accolunt). Deras land genomflytes af floden *Sturia* (Stör) och de hafva en kyrka i *Scanafeld* (Schenefeld). Floden Sturia utmynnar i Albia.

Den tredje och mest bekanta stammen är *Sturmarii,* så kallade — säger Adam[1] — emedan de ofta skakas af upprorets stormar. Deras land begränsas i öster af floden *Bilena* (Bille), som utfaller i Albia[2], men för öfrigt är gränsen mot slaverna alldeles öppen och skyddas hvarken genom floder eller skogssträckningar[3]. Hela landet utgör en slättmark, och endast här och där finnes mindre skogspartier, som tjäna Slaverna till betäckning vid deras plötsliga och oförmodade anfall på saxarne. Endast en enda höjd reser sig i denna trakt invid Albias strand. Den sträcker sig i en lång ås mot vester; innevånarne kalla den *Sollonberg.* Detta berg, som säkerligen är identiskt med det 92 meter höga Baursberget vid Hamburg, beslöt ärkebiskop Adalbert — berättar Adam — att befästa till ett skyddsvärn för Sturmarierna och lät därför borthugga skogen på dess topp och grundade där ett prosteri (præposituram). Men då den härvarande »congregatio Deo serventium» inom kort förvandlades till en »turma latronum» och började öfverfalla och plundra de kringboende, hvilka de voro satta att skydda, förstördes anläggningen genom en plötslig resning af Nordalbingerna[4].

I Sturmariernas land låg äfven ärkebiskopssätet Hamburg (metropolis Hammaburg), fordom rikt och mäktigt, nu en ödemark. Denna stad eller »oppidum vetus» Altstadt,

---

[1] *Adam* ibid.
[2] *Adam,* skol. 12.
[3] *Adam* III c. 25.
[4] *Adam* III c. 9, 25. *Lappenberg* (not) påminner att namnet ännu finnes kvar (Sülberg nära Blankensee).

låg emellan floderna Bille och Alster. I vinkeln mellan floden Albia och den bäck, som kallas *Alstra* (Alster) hade emellertid anlagts en ny befästad plats, novum præsidium eller oppidum, som Adam kallar den. Det är ursprunget till den nuv. Neustadt[1].

Med öfriga orter i Saxen och Frisland, som endast i Adams rent historiska framställning omnämnas, skola vi här ej sysselsätta oss. Vi omnämna endast Stade, *Stadium*, vid Elbe, som försvarar inloppet till denna flod[2], samt stiftets hufvudstad *Bremen* (Brema, Bremon), angående hvilken stad det kan vara af inträsse att höra de spridda upplysningar, som hos Adam förekomma.

Staden ligger enligt Adam vid floden af Wissula, som ännu längre inåt landet användes som segelled[3]. Den omgafs af en vall, som uppförts till skydd mot vikingarnes anfall i slutet af 900-talet[4] samt en ringmur, som påbörjats af biskop Herimannus och af Alebrand till hälften färdigbyggts[5]. I vestra delen låg, midt emot torget, forum, som

---

[1] *Adam* II c. 15; III c. 26. Efter stadens förstöring genom slaverna hade ärkebiskop Unvan och hertig Bernhard där uppbyggt en borg samt kyrka och andra hus af trä. Biskop Alebrand ombyggde emellertid kyrkan af kvadersten och invigde den åt Guds moder samt byggde åt sig ett med torn och bålverk starkt befäst stenhus. På andra sidan kyrkan hertigen åt sig en borg. — Döden hindrade biskopen att omge staden med en ringmur. Jfr *Adam* II 68; skol. 55; III c. 67.

Uttrycket »*infra* Albiam flumen et rivum, qui Alstra vocatur» skall väl antyda att novum oppidum låg närmare Elbes mynning än den gamla staden såvida infra ej är ett skriffel för intra.

[2] »Stadium, quod est oportunum Albiæ portus et præsidium.» *Adam* II 29.

[3] *Adam* II c. 78.

[4] *Adam* II c. 31.

[5] *Adam* II c. 67. »Murum civitatis ab Herimanno decessore orsum in giro construens, in aliquibus eum louis usque ad propugnacula erexit oliasque aut septew cubitorum altitudine semiperfectum demisit.» Under Adalbert nedrefs en stor del af muren såsom mindre viktig och användes till kyrkobyggnader. *Adam* III c. 3.

ännu låg utanför muren, en stor port, och öfver densamma
ett mycket stort torn, befäst med ett italienskt verk (opere
Italico) och försedt med sju kammare för stadens olika
behof [1].

Staden egde flere kyrkor, af hvilka den älsta, dom-
kyrkan, som var helgad åt *S:t Petrus,* var grundlagd af S:t
Willehad [2], som äfven där låg begrafven. Efter den brand,
som på 1040-talet förstörde Bremen [3], började biskop Ale-
brand att återuppbygga denna kyrka efter Kölnerdomens
förebild, men hann ej mera än lägga grunden och färdig-
bygga pelarne och deras hvalfbågar samt sidomurarne då
han afled [4]. Kyrkan färdigbyggdes sedermera af biskop
Adalbert efter förebilden af domen i Benevent [5]. — I denna
kyrka lågo de flesta af Bremens ärkebiskopar begrafna. Ett
par lågo dock i den af Adalgar uppbyggda *Mikaelskyrkan* [6].

Det af Ansgar grundade *klostret* [7] ombyggdes af ärke-
biskop Alebrand af sten [8] i den vanliga fyrkantiga formen,
synnerligen vackert och prydt med omväxlande rader af
gallerverk, men nedrefs af Adalbert för att få materiel till
kyrkans färdigbyggande [9]. Det storartade *hospitiet* (Xenodo-
chium), som fordom varit så berömdt och rikt, hade äfven
under Adalbert kommit på förfall, hvaröfver Adam djupt
klagar [10].

---

[1] *Adam* II 67. Äfven detta torn nedrefs af Adalbert.
[2] *Adam* I c. 14.
[3] *Adam* II c. 77.
[4] *Adam* II c. 78.
[5] *Adam* II c. 3, 4; Kyrkan blef färdig först samma år, som Adam
kom till Bremen. Hufvudaltaret i sanktuariet invigdes åt Maria, altaret i
v. koret åt S:t Petrus och den v. kryptan åt S:t Andreas.
[6] *Adam* I c. 52, 55. Utanför staden omtalas (II c. 46) Basilica S:t
Viti och capella S:t Willehadi.
[7] *Adam* I c. 32.
[8] *Adam* II 67.
[9] *Adam* III c. 2.
[10] *Adam* II c. 12; III c. 56.

Till slut skola vi anföra en notis hos Adam beträffande staden Bremens handelsförhållanden, som är af intresse. Han berättar nämligen[1] att ärkebiskop Adalberts utprässningar i stiftet jämväl drabbade de köpmän, som från alla jordens länder kommo till Bremen med varor, som de här plägade få sälja; ity att dessa af ärkebiskopens fogdar (vicedomini) plundrades till den grad, att de ofta fingo fara sin väg utblottade på allt. »Detta synes mig», tillägger Adam, »vara orsaken, hvarföre staden ända intill denna dag lider brist på borgare och torget på varor, isynnerhet som hertigens tjänare lade beslag på det biskopens möjligen lämnat i fred». — Bremens betydelse syntes sålunda Adam vara i nedgående[2].

V.

Fortsättning: Sclavania.

Vi komma nu till Adams framställning af slavernas land, hvilken upptager tvenne kapitel af den andra boken af hans historia (kap. 18, 19). Denna skildring är af synnerligt intresse, då Adam här endast undantagsvis har att tillgå några skriftliga källor[3] och hufvudsakligen stöder sig

[1] *Adam* III c. 67.

[2] Om Bremen se vidare *Dehio*, Geschichte des Erzbisthums Hamburg Br. I s. 257 ff.; *W. Varges* Zur Entstehungsgesch. Bremens; Verfassungsgesch. d. St. Bremen im M. A. (Ztschr. des Hist. Ver. für Niedersachsen 1893 s. 337 ff., 1895 s. 207 ff.). Hit samlades folk från alla håll. Adam berättar bl. a. om juden Paulus, (skol. 78) som bland andra konster kunde göra guld af koppar och på tre år göra en, som ej kände bokstäfverna, till en filosof. — Bremiska köpmän seglade på 1000-talet till England. Miraccla S:t Bernwardi c. 9.

[3] Såväl Widukind och Thietmar som Alfred synas vara för Adam alldeles okända. Att så äfven är förhållandet med Ibrahims reseberättelse är obehöfligt att påpeka. Däremot fann han t. ex. i Einhards Annaler och Vita Caroli åtskilliga upplysningar om slaverna.

på muntliga underrättelser, hvilka han till stor del erhållit
af konung Sven[1], men äfven tvifvelsutan af saxiska mis-
sionärer eller köpmän, som till lands eller sjös befarit slav-
ernas land[2].

Den nära förbindelse, i hvilken dessa under den före-
gående tiden stått till saxarne och Hamburgs stift — en
stor del af slaverna hade som bekant antagit kristendomen —
hade naturligen i Saxen spridt kännedomen om och intresset
för slavernas land. Dotta förhållande, att slaverna förut
delvis varit kristna samt allt framgent till en stor del räk-
nades lyda under Hamburgs ärkestift, är det äfven, som
gifvit Adam tanken att i sin historia inskjuta en skildring
af Sclavanias »natura et gentibus»[3].

Slavernas land eller, som Adam kallar det, *Sclavania,*
är det vidsträcktaste landet i Germanien (amplissima Ger-
maniæ provintia). Det skall vara tio gånger så stort som
Saxonia, isynnerhet om man till Sclavania medräknar Boemia
och de på andra sidan Oddara boende Polanernas land[4].
Det sträcker sig på bredden från norr till söder, från floden
Albia ända till det skytiska hafvet. På längden sträcker
det sig från vår dioces mot öster öfver obegränsade områden
(infinitis aucta spatiis) ända till Beguaria (Bayern), Ungria
och Græcia. Landet är mycket fruktbart och folkrikt
(armis, viris et frugibus opulentissima) och omslutes på alla
håll af fasta, genom skogssträckningar och floder bildade

[1] *Adam* II 41.

[2] Saxiska köpmän vistades, som vi nedan få se, i Jumne. Bland
sina sagesmän nämner Adam särskildt en nobilis homo de Nordalbingis
Adam III c. 21.

[3] *Adam* II c. 17. Enligt konung Sven var Sclavonien deladt i 18
pagi, af hvilka 15 varit kristna. *Adam* III c. 11.

[4] Med Sclavonia menar Adam sålunda egentligen blott landet emellan
Elbe och Oder. Se ock II c. 18: ... Sclavoniæ populi, qui inter Albiam
et Oddaram degunt.» — Med *Germania* menar Adam i likhet med t. ex.
Einhard (Annal. 789 Vita Caroli c. 15) allt landet bort till Weichsel.

gränser[1]. Sclavania bebos, säger Adam, af Winulerna, som fordom kallades Wandaler. Detta är ett dubbelt missförstånd. Som vi ofta i det följande få tillfälle att se, råkar Adam rätt ofta ut för dylika, då han försöker att på samtida förhållanden tillämpa uppgifter, som han fått från äldre författare. Så äfven här. Namnet Winuler eller Winiler, som hos öfriga författare är alldeles okändt, har Adam tydligen hämtat från Paulus Diaconus, som gifver detta namn åt Langobarderna[2] och har vidlyftiga skildringar om deras förhållande till Vandalerna. Det må dock påpekas, att Adams hufvudsakliga missuppfattning föreligger redan hos Paulus Diaconus själf eller rättare sagdt hos Prosper Aquitanus, som Paulus härvidlag följer, i det att denne tydligen förväxlat Vandalerna just med Weneterna eller Venderna, med hvilka senare Langobarderna sålunda förde de krig, som af Paulus hänföras till Vandalerna[3]. Adams uppfattning är således så till vida riktig som Paulus Diaconus' Vandaler voro identiska med Venderna eller Slaverna.

Det namn, hvarpå Adam här syftar och som han utbytt med det från äldre auktorer hämtade Winuli[4], är naturligtvis, som ofvan nämts, Winethi eller Vender, ett namn som redan från äldsta tider af romare och germaner tillagts de

---

[1] Man tänker sig vanligen slavernas land som mycket ouppodladt glest befolkadt. Det är i alla händelser märkligt, att ej blott Adam utan äfven en hel mängd andra samtida författare påstå motsatsen. Jag vill endast erinra om *Ibrahim,* som säger att slavernas land är det fruktbaraste och rikaste af alla nordens länder och dess innevånare i åkerbruk och andra näringar öfverträffa alla andra nordens folk. I Ottos af Bamberg lefverne säges, att om Pommern ej saknade vin-, oljo- och fikonträn, skulle det vara ett riktigt paradis, så rikt och fruktbart är det. Gesch. schreiber der deutschen Vorzeit, *Herbord* s. 120. *Widukind* s. 144.

[2] *Paulus Diaconus,* Hist. Langob. I c. 1.

[3] Se *Schafarik,* Slav. Alterth. I s. 416 ff.

[4] Märkligt är, att Adam aldrig använder namnet Vinethi utan ständigt Vinuli. Helmold använder båda namnen. Det senare har han naturligtvis från Adam.

slaviska folken öfverhufvud, särskildt Nordvestslaverna. Det
möter oss första gången hos Plinius (Venedi)[1] och åter-
kommer sedan hos Tacitus (Veneti), Ptolemæus, Jordanes och
en hel rad Vesterländska författare[2] under den tidigare
Medeltiden, bl. a. som vi ofvan sett, hos konung Alfred samt
i Wulfstans reseberättelse, där allt landet mellan Slesvig
och Weichsels mynning bär namnet Weonodland.

Hos Adam äro Winuler och Slaver fullkomligt identiska,
och, som vi sedan skola se, räknas hit ej blott de vester om
Oder boende slaviska folken utan äfven Böhmare, Polaner
och till och med Ruzzi.

Adam öfvergår så till att uppräkna och närmare redo-
göra för de mellan Elbe och Oder boende slaviska folk-
stammarne. Vi skola nu något närmare följa detaljerna af
denna skildring.

Längst i vester bo — säger Adam[3] — intill Transal-
bingernas land *Waigri* eller Vagrierna. Detta folk, hvars
namn för första gången möter oss hos Widukind och sedan
hos Thietmar af Merseburg[4] var enligt Schafarik[5] en gren af
Obotriterna. De bodde som bekant i östra delen af Holstein,
som ännu efter dem bär namnet Wagrien. Gränsen mot
Saxarnes land i vester utgjordes enligt den ofvannämda
framställningen af limes Saxoniæ af floden Zuentina (Schwen-
tine) som från den sjö, vid hvilken staden Plunie är belägen,
genom skogen Isarnho strömmar ned till det Skytiska hafvet[6].
Mot söder sträckte sig deras område öfver floden Travenna

---

[1] *Plinius*, Hist. Nat. IV c. 13. Möjligen åsyftas ock Venderna i
den bekanta berättelsen om de Inder (Vinder, Vender), som enligt Cor-
nelius Nepos stormdrifvits till Germaniens kust. Se dock härom *Schiern*,
En etnologisk Gåde fra Oldtiden (Årbøger f. nord. Oldkyndighed 1887).

[2] Härom se *Schafarik* I, 69 ff.

[3] *Adam* II c. 18.

[4] *Widukind*, Hist. Sax. III c. 60. *Thietmar* VIII c. 4.

[5] *Schafarik*, II s. 588 ff.

[6] *Adam*, skol. 14.

(Trave)[1]. Vid denna flod började den nyssnämda stora skogssträckningen *Isarnho* (profundissimus saltus Isarnho)[2], som öfver Zuentinafloden sträckte sig genom hedningarnes land (paganorum) utefter det Barbariska hafvet ända till Slien i Danskarnes land.

Af i Wagriernas land belägna orter, som Adam nämner, hafva vi redan omtalat *Plunie* eller Plön, belägen på en landtunga i Plönersjön, som säkerligen är densamma, som i beskrifningen öfver limes Saxoniæ kallas »stagnum Colse[3]». Vidare nämner Adam det invid floden Travenna ensamt liggande berget *Alberc,* hvarmed säkerligen åsyftas den invid nuv. staden Segeberg liggande 80 meter höga kalkklippan, som antagligen var ett gränsfäste mot Saxarne[4]. Vid Trave låg äfven staden *Liubice* eller Lübeck, hvarmed menades den gamla slaviska staden Bukowec eller Ljubec, som var belägen närmare Traves mynning, ungefär där Schwartau infaller i denna flod. Här finnes ännu en ort, Alt-Lübeck, där man funnit ruiner efter staden[5]. Den nyare staden Lübeck grundades först 1143 af Adolf af Schaumburg, sedan den gamla staden några år förut förstörts af Rugianerna.

Wagriernas viktigaste stad var emellertid, enligt Adam, *Aldinburg,* nuv. Oldenburg i Wagrien. Denna stad, hvars slaviska namn var Stargard, af hvilket Aldinburg blott är en tysk öfversättning, omtalas så vidt jag kunnat finna först hos Thietmar af Merseburg under namnet Antiqua civitas.

---

[1] Skol. 13. Travenna flumen est, quod *per Waigros* currit in mare barbarum.

[2] *Adam* IV c. 1. skol. 95. Isarnho var det saxiska namnet. Det nordiska var Jarnwith, som också förekommer i Waldemars jordebok. Se för öfrigt *Müllenhoff,* Deutsche Alterthumskunde V 122 ff.

[3] *Adam* II 15; skol. 13.

[4] *Schafarik* II 588. Jfr *Helmold* I c. 49, 53.

[5] *Adam* II 19, skol. 13; 95; *Schafarik* ibid. — Man har ej långt härifrån nyligen funnit ett stort graffält, säkerligen från den slaviska tiden.

Den var, enligt Adam [1], en sjöstad (maritima), belägen invid det Baltiska hafvet på en dagsresas afstånd från Hammaburg. Hvad det första beträffar är det numera ej fullt riktigt, då som bekant Oldenburg ej ligger vid hafvet utan inuti landet. Emellertid är att märka, att staden ännu genom Brökau står i förbindelse med såväl Wesseckersjön i vester som Grubersjön i öster och genom dessa båda sjöar med Östersjön. Med all säkerhet var denna vattenled på Adams tid mycket större, så att handelsfartygen utan svårighet kunde gå upp till staden; först på 1400-talet började hamnen att igensandas [2].

Eget är, att Adam uppgifver afståndet mellan Aldinburg och Hamburg, som fogelvägen utgör öfver tio mil, till endast en dagsresa. Möjligen tänker han här på afståndet mellan det saxiska landet och Aldinburg.

Staden har, enligt hvad konung Sven för Adam berättat, förut varit till en stor del befolkad af kristna, hvilka numera utrotats. Den var af betydlig storlek och säte för en biskop. Staden var jämväl utgångspunkten för handeln och skeppsfarten österut till Dymine, Jumne och Ruzzia [3].

Efter att hafva talat om Wagrierna kommer Adam till *Obotriterna*, ett i de föregående krigen med Slaverna synnerligen ofta omtaladt folk. Det i krönikorna vanligen förekommande namnet är Abotriti eller Abodriti [4]. Hos den

---

[1] *Adam* II c. 18; skol. 16 och flerstädes. *Thietmar* VI c. 30. *Schafarik* II 588.

[2] Wessekersjön var för öfrigt fordom en smal vik af Östersjön och man har i den sjö, vid hvilken staden ligger, Dannov, funnit rester af forntida fartyg. Jfr *v. Maack*, Das urgeschichtliche Schlesv.-Hostein. Zeitschr. f. Erdk. 1860. *Schröder* u. *Biernatski*, Topographie des Hzth. Holstein.

[3] *Adam* II c. 19, 41; skol. 29. Stargard blef 965 särskildt biskopssäte efter att förut hafva lydt under Slesvig. *Jörgensen*, Den nordiske Kirkes Grundlæggelse s. 229.

[4] *Schafarik* II 587. *Einhards Ann.* 795 ff. Vita Caroli 12, 14, 15. *Ann. Lauriss* 804 ff.

bajerske geografen kallas de, som vi ofvan sett, Nortabtrezi
. eller Nordobotriter i motsats till Osterabtrezi eller de bul-
gariska Obotriterna vid nedre Theiss. De bo, säger han,
intill Danskarnes land (finibus Danaorum). I deras land
finnas 53 civitates, som stå under särskilda höfdingar (per
duces suos partitæ). Konung Alfred kallar dem Apdrede
och förlägger dem öster om Söderdanskarnes land. Såväl
han som alla äldre författare synas till Obotriterna räkna
äfven Wagrierna, hvilka som nämdt först omtalas hos Widu-
kind[1] och sedan hos Thietmar och Adam, jämte flere andra
stammar.

Adam kallar Obotriterna *Obodriti* och tillägger, att de
numera kallas *Reregi*, ett namn som endast förekommer hos
Adam och hans afskrifvare Annalista Saxo, och som väl
gifvits folket af Danskarne efter staden Reric, som redan om-
kring 800 i frankiska annaler omtalas[2]. Deras berömda stad
är, säger Adam, Magnopolis eller, som han på andra ställen[3]
kallar den, *Michilinburg*. Denna stad, hvars slaviska namn
enligt Schafarik[4] skall hafva varit Lubow, omtalas första gången
i den ofvannämde juden Ibrahims reseberättelse under namnet
[Wili-] Grad, hvilket han öfversätter med stor borg (= Meck-
lenburg, Magnopolis). Den är, säger han, byggd i en insjö,
liksom Slavernas borgar i allmänhet[5] och tillhör Naccon,

---

[1] *Widukind*, Hist. Sax. III c. 68. Vagrernas och Obotriternas furstar
stodo sedan gammalt i bitter fiendskap till hvarandra.
[2] *Annal. Lauriss.* vid år 808: ... en vid kusten belägen handelsort,
som danskarne kallade Reric... Om namnet Rereger se *R. Beltz*, Ven-
dische Alterthümer (i Mekl. Jahrb. 1893 s. 175.)
[3] *Adam* II c. 18, III c. 19, 20, 32, 50.
[4] *Schafarik* II 588.
[5] *Wigger*, Mekl. Jahrb. 1880 s. 45. Då slaverna, fortsätter Ibra-
him, vilja bygga en borg, så uppsöka de en sumpig ängsmark, utstaka
här en rund eller fyrkantig plats, omkring hvilken de gräfva en graf och
uppkasta jorden i en vall som hårdt stampas ihop. Så snart muren nått
tillräcklig höjd, gör man på en sida en port och slår därifrån en träbro
öfver grafven.

fursten öfver den vestliga delen af Slavernas land. — Af borgen, som nästa gång omtalas i en urkund från år 995 finnas ännu betydliga ruiner — den synes hafva varit 200 steg lång och 150 steg bred — strax söder om den lilla byn Mecklenburg vid Wismar[1].

Mecklenburg är enligt Adam en berömd stad och hade förut haft tre congregationes Deo serventium, men kristendomen var här, liksom annorstädes i Sclavanien, utrotad. — Denna stad är den enda ort i Obotriternas land, som Adam omtalar[2]. Landet, som efter Adams framställning låg på andra sidan om Wagrernas område och ej nådde intill Transalbingien[3], synes hafva i öster sträckt sig utmed kusten bort till Warnow. —

Närmare intill Saxen (versus nos) bo, enligt Adam, *Polabingi* eller Polabi (af Po, vid och Labe, Elbe). Detta folk var liksom Vagrierna en gren af Obotriterna och bodde söder om de egentliga Obotriterna utmed Elbe mellan Bille i vester och Elde i öster. Deras stad är, säger Adam, *Raxzispurg*. Denna ort, hvar slaviska namn lär vara Ratibor, omtalas här för första gången. Den var belägen, där den senare staden Ratzeburg nu ligger, på en ö i Ratzeburgersee[4].

På andra sidan om dessa bo, säger Adam, Lingones et Warnabi. De förra, *Lingonerna* eller *Glinjanerna*, som det slaviska namnet var, bodde mellan Elde och Stepenitz. De omtalas mycket tidigt, så t. ex. af Einhard (Linones) och sedermera ofta[5]. Deras gamla stad Lentschin omtalas redan af Widukind under namnet Lunkini och hos Thietmar som

---

[1] *Wigger* s. 12, 45.

[2] Af andra orter omnämnas hos äldre författare ännu en, nämligen Zuarina (Schwerin) hos *Thietmar* VIII c. 4.

[3] *Adam* II 18: Vaigri, deinde secuntur Obodriti ... Item versus nos Polabingi.

[4] *Adam* II c. 18, III c. 19, 20, 32, 49. *Schafarik* II 589. *Helmold* I c. 77.

[5] *Schafarik* II 590. *Einhard*, Vita Caroli c. 13. *Bajerske geografen* talar om »populus Linaa, qui habet civitates VIII». — *Schafarik* räknar såväl Lingonerna som Waranberna till den Obotritiska stammen.

Lunzin. Ehuru Adam ej här omtalar denna stad, förekommer den likväl hos honom på ett par andra ställen under namnet Lontium eller Leontia[1]. Det är det nuvarande Lenzen (vid Löcknitz mellan Wittenberg och Dömitz).

Warnaberna däremot omtalas först hos Adam. Hvar man har att söka denna stam är omtvistadt. Att döma af det sammanhang, hvari detta folk hos Adam omtalas, synes det hafva bott emellan Polabingernas och Chizzinernas land, således i mellersta Mecklenburg omkring öfre Warnow, af hvilken flod de säkerligen fått sitt namn[2]. Detta stämmer med, hvad som synes framgå om deras boningsplatser af uttryck i några senare urkunder.

Adam kommer därpå till fyra andra slaviska folk, hvilka i hans historia omtalas mycket, nämligen Chizzini, Circipani, Tholosantes och Retheri, hvilka alla med ett gemensamt namn kallas *Wilzer*. Som Adam också själf berättar, omtalas Wilzerna redan af Einhard, som äfven ger dem namnet Velataber, hvilka båda namn endast äro dialekter af samma ord[3]. Efter denna tid omtalas de ofta, exempelvis af bajerske geografen, Widukind och Thietmar. Den förstnämde ger dem namnet Wuilci och säger, att i deras land finnas 95 civitates och 4 regiones, med hvilka senare han säkerligen menar de fyra stammar, som Adam här omtalar.

Wilzerna bodde, som af Adams skildring framgår, utmed Östersjökusten på båda sidor om floden Peene ända bort till Oder. De kallas hos Adam mycket ofta *Leutici*, ett namn, som enligt skol. 17 saxarne gåfvo dem på grund af deras tapperhet. Detta namn, som för så vidt jag kunnat finna först omtalas i Quedlinburgerannalerna (gentem Vulzorum, qui Lutizi vocantur) och hos Thietmar, synes hos denne ej

---

[1] *Widukind* I c. 36. *Thietmar* I c. 6; *Adam* III c. 19; 49.

[2] *Adam* II c, 18; III c. 19. *Schafarik* II 592.

[3] *Adam* II c. 16. *Einhard*, Vita Caroli c. 12: Sclavi, qui nostra consuetudine Vuilzi, proprie vero id est sua locutione Vuelatabi dicuntur. *Schafarik* II 516; 551 ff. *Zeuss* s. 655 tror att Alfreds *Vylte* äro Vilzerna.

omfatta alla fyra stammarne, i det Rethererna nämnas jämte Liutizerna, men har hos Adam bestämdt utsträckts till dem alla[1].

Af de fyra stammarne bodde Chizziner och Circipaner *citra*, de båda andra *ultra* floden Panis (Peene)[2]. Lappenberg vill här se ett misstag af Adam och säger, att rätta förhållandet är det rakt motsatta. Emellertid får man ihågkomma, dels att Adam har sina underrättelser om slaverna hufvudsakligen från danskt håll, dels att han vid sin skildring följer Östersjökusten efter mot öster. Ifrån denna utgångspunkt äro hans ord fullkomligt riktiga. För öfrigt är det svårt att förstå, hvarföre det skulle vara så mycket riktigare af en Bremensis att säga, att de norr om Peene boende folken bodde ultra Panem, då flodens hufvudriktning går mot öster[3].

Hvad nu beträffar de förstnämda af de ifrågavarande fyra stammarne, nämligen *Circipanerna* och *Chizzinerna*, bodde dessa som nämdt på norra sidan af floden Peene. Circipanerna eller Tschrespenjanerna, som af de båda folken bodde östligast, berömmas af Adam för sin tapperhet. Han berättar, att en ansedd man från Nordalbingen för honom omtalat, hurusom de i trenne krig besegrat alla de öfriga tre stammarne och blifvit besegrade först då dessa mot dem inkallat danskarne, hertig Bernhard och Godescalk[4].

Härmed har nu Adam hunnit till floden Peene (Panis

---

[1] *Ann. Quedlinb.* 789. *Thietmar* I c. 6, V c. 19. Se dock VI c. 18, där äfven Rethererna räknas till Liutizerna. Om namnen Wilzer och Liutizer se *Schafarik* II 562. En annan förklaring har *Rodulfus Glaber* (Hist. IV c. 8): »gens Leuticiorum barbara omni crudiliate ferocior, cujus vocabulum a luto dirivatur. Est enim omnis illorum habitatio circa mare aquilonare in paludibus sordentibus et iccirco Leutici quasi lutei vocantur.»

[2] *Adam* III c. 21; skol. 17.

[3] Det är också att märka, att Adam (III c. 18) kallar den norr om Peene liggande, till Hamburgs stift hörande delen af Sclavonien för »Sclavonia citerior».

[4] *Adam* III c. 21. Om detta krig se *Barthold*, Rügen u. Pommern I 380 ff. och *Giesebrecht*, Wendische Gesch. II 98.

Peanis), som utfaller i det Barbariska hafvet och bildar gränsen mellan Hamburgs och Magdeburgs stift[1].

På andra sidan om denna flod bodde, som vi hafva sett, de båda andra Leuticiska stammarne, *Tholosantes* och *Retheri*. De förstnämda eller *Dolenxerna*, som enligt Schafarik bodde omkring Tollensersee och floden Tollense, omtalas först omkring 946 i urkunderna. Ännu tidigare omtalas *Rethererna*, som synes hafva bott mellan Oder, Havel, Peene och Tollense. Det var det mäktigaste af de omtalade folken, och såväl Widukind som Thietmar hafva mycket att förtälja om dess tapperhet och vildhet. Enligt Adam bo de midt ibland de mellan Elbe och Oder lefvande slaverna och äro de mäktigaste af alla (inter quos medii et potentissimi omnium)[2].

I Rethernernas land låg, berättar Adam, Slavernas hufvudstad (Metropolis), det långväga ifrån besökta *Rethre*, afguderiets centralhärd. Denna ort, efter hvilken säkerligen folket fått sitt namn, omtalas af Thietmar som en borg vid namn Riedigost i Redariernas land (Riedirierun), öfver hvilken han ger en utförlig och intressant skildring. Adams berättelse är mera kortfattad. »Ett stort tempel», säger han, »är här uppbyggdt åt afgudarne (demonibus), bland hvilka den förnämsta är Redigast. Hans beläte är af guld och hans säte klädt med purpur. Själfva templet har nio portar och är på alla håll omgifvet af en djup sjö, öfver hvilken för en träbro, som dock endast offrande och orakelbesökande få beträda[3]»; credo — tillägger Adam — ea significante causa, quod perditas animas eorum, qui ydolis serviunt, congrue »novies Styx interfusa cohercet». (Eneiden VI 429).

---

[1] *Adam* II c. 14; 15.

[2] *Schafarik* II 579 ff. *Adam* II c. 18, skol. 17. — *Widukind,* Hist. Sax. I c. 36, III c. 70. Med namnet Retherer afsåg man stundom hela det rethariska förbundet.

[3] *Thietmar* III c. 17. *Adam* II c. 18; III c. 50. Om slavernas tempel och gudabilder se *Herbords* lefnadsteckning öfver Otto af Bamberg. II c. 32. De synas hafva varit gjorda med mycket stor konst. Om orakelspråk se Herbord II 33.

Om templets läge lämnar Adam endast den upplysningen, att det från Hamburg till detsamma skall vara en väglängd af fyra dagsresor, och närmare underrättelser lämnas ej heller från något annat håll, hvadan det hittills varit omöjligt att annat än gissningsvis bestämma, hvarest den ryktbara helgedomen varit belägen. Sannolikt synes vara, att den legat på den s. k. Fischerinsel i sjön Tollensee i Meklenburg-Strelitz [1].

Ännu en ort i Wilzernas land finner man hos Adam omtalad, nämligen *Dimine* eller Dymine (Demmin)[2]. Denna stad, en af de tidigast omtalade i slavernas land, var af betydlig storlek (maxima) och belägen vid mynningen af floden Peanis (in ostio Peanis). Detta senare är som bekant oriktigt, då Demmin ej ligger vid mynningen af Peene utan längre upp vid floden. Adams missuppfattning är emellertid lätt förklarlig, då han säkerligen uppfattade berättelserna om att man kunde segla in till staden så som om den varit belägen vid hafvet[3].

Förutom de folk, om hvilka vi i det föregående talat, omnämner Adam ännu några andra mellan Elbe och Oder boende slaviska stammar. Det finnes, säger han[4], jämväl andra slaviska folk (populi Sclaviæ), som bo mellan Albia och Oddara, såsom Heveldi, som bo invid floden Habola och Doxa[5], Leubuzzi, Wilini, Stoderani jämte många andra.

---

[1] *Brückner*, Rethra, zur Rethrafrage, i Meklenb. Jahrb. 1889 s. 153 ff.; 1890 s. 261 ff.; 1891 s. 245 ff.; 1892 s. 350 ff. samt polemik därsammastädes af *Grotefend* och *Schildt*.

[2] *Adam* II c. 19; skol. 72. Inom hvilken af de ifrågavarande fyra stammarnes land staden låg är osäkert. *Schafarik* (II 580) förlägger den i Tholosanternas land.

[3] Om flodfärd på Peene från Demmin (Timina) berättar *Herbord* II c. 2.

[4] *Adam* II c. 18.

[5] *Doxam*. Denna läsart, som förekommer i codex Havniensis, torde vara att föredraga framför Doxani, då den ock förekommer hos *Helmold* (I c. 2). Ett folk Doxani omtalas emellertid tidigt i urkunder; de bodde vid Dosse och hade en stad Wysoka (Wittstock).

Hvad nu dessa folk angår, begår Adam säkerligen ett misstag, då han säger *Heveldi* och *Stoderani* vara tvenne olika stammar. Thietmar förklarar dem uttryckligen vara ett och samma folk, och detta bestyrkes af andra källor. Stoderani var det inhemska och Heveldi det af Saxarne använda namnet. De omtalas af den bajerske geografen under namnet Hehfeldi och han tillägger, att de hafva åtta »cinitates». Alfred kallar dem Hæfeldan, och sedan omnämnas de af Widukind (Heveldi) och Thietmar (Hevelli, Hevellum) m. fl. [1] De bodde, som Adam också riktigt anmärker, vid floderna Habola och Doxa. Efter den förra, Havel, hafva de naturligtvis fått sitt namn. Denna flod, som redan tidigt omtalas, var redan vid denna tid en af de viktigaste samfärdselederna i dessa trakter [2]. — Doxa är Havels biflod Dosse. — Hvarken den af Widukind och Thietmar omtalade borgen Brennaburg (Brandenburg) eller någon annan ort i Hevellernas land omtalas af Adam.

Leubuxxi är ett folknamn, som endast förekommer hos Adam och sedermera hos Helmold. Det är dock troligt, att Adam här åsyftar det folk, i hvars område den redan af Thietmar omtalade staden Liabusua l. Lubuzua, som spelade en viktig roll under de slavisk-saxiska striderna under 10:e och 11:e årh., var belägen. Denna stads läge har man ej kunnat bestämdt afgöra. Zeuss och Schafarik gissa, då af Thietmars ord framgår, att staden ej kan ha legat långt ifrån Elbe, på byn Lubussa i Herzbergerkretsen under det Lappenberg med de fleste tänker på staden Lebus [3].

---

[1] *Ann. Quedlinb.* vid år 997. Ztodoraniam, quam vulgo Heveldum vocant, egregiam inter slavanicas terram. *Thietmar* I c. 6; VI c. 38; IV c. 20: Stoderania, som vänligen kallas Hevellun (Havelland). *Widukind* I c. 35, 36; II c. 21 *Cosmas af Prag* I c. 15.

[2] Friserna seglade 789 in i Habola, *Einhards Ann.* Otto af Bamberg lastade i Halle sina skepp med lifsmedel, seglade så utför Elbe in i Havel, som följdes uppåt till Leuticiernas land, hvarpå varorna på vagnar fördes till Timina (Demmin). *Herbord* III c. 1.

[3] *Thietmar* I c. 9; VI c. 39; 48. *Schafarik* II 597. *Zeuss* 653.

Slutligen nämner Adam, som vi hafva sett, *Wilini,* hvilket namn likaledes blott hos honom förekommer. På grund af det sammanhang, i hvilket namnet i hans uppräkning förekommer (mellan Leubuzzi och Stoderani) har man velat förlägga detta folks bostäder i landet Barnim vid Bellinersjön. Men då härför alldeles inga andra skäl finnas, synes Schafariks antagande att Wilini äro identiska med Wollinerna vara ganska sannolikt[1].

Af vester om Oder boende slaviska folkstammar nämnas hos Adam slutligen *Sorabi* eller Sorberna, hvilka bodde på båda sidor om mellersta Elbe ungefär mellan Meissen och Magdeburg[2]. Det är ett af de viktigaste och tidigast omtalade af de slaviska folken. Redan på 600-talet omnämnes de och sedermera hos Einhard och andra[3]. Bajerske geografen kallar dem Surbe, konung Alfred Surfe. Adam[4] gifver dem i likhet med Einhard namnet Sorabi och förlägger dem liksom denne på slättlandet mellan Elbe och Saale (campos inter Albim et Salam interjacentes) intill Thüringarnes och Saxarnes land. De bodde dock äfven på andra sidan om Elbe ända bort emot Böhmen. Hvad Adam menar med uttrycket »eam partem *Saxoniæ,* quæ trans Albiam *supra incolitur a Sorabis,* infra autem a Nordalbingis», synes ej fullt klart. Troligen menar han de nyssnämda transalbingiska sorberna vid mellersta Elbe, som han väl på grund däraf, att de voro kristnade räknar till Saxonia, eller har han möjligen någon oklar föreställning om de vid Ohre (ultra Aram) boende slaverna, som skol. 19 omtalar.

---

[1] *Schafarik* II 575. Se äfven *Zeuss* ibid.

[2] Namnet Sorber har dock stundom en mycket större omfattning. *Schafarik* II 594 ff. Hit höra bl. a. Leubuzzi och Susi.

[3] *Fredegar* (Chron. c. 68) omtalar dem vid år 630 som ett slaviskt folk, hvilket af ålder tillhört det frankiska riket. *Einhard,* Vita Caroli c. 15; Annal. v. år 782 ff.

[4] *Geogr. Bawarus:* Juxta illos [Hevellos] est regio, quæ vocatur Surbi, in qua regione plures sunt, quæ habent civitates L. *Adam* II c. 19; skol. 19; I c. 1.

Endast en gång omnämner Adam *Susi*, äfven de en mycket omtalad slavisk folkstam vid Mulde. Den omtalas i Ann. Fuld. (Siusli) hos Alfred (Syssyle) och Thietmar (Siusuli). Namnformen *Susi* förekommer blott hos Adam och efter honom hos Helmold[1].

*　*　*

Adam kommer så till floden *Oddara* (Oder), som i öster bildar gränsen för det egentliga Sclavania. Denna flod, hvilken förmodligen är identisk med den af Ptolemæus och Marcian omtalade Viadrus, omnämnes, för så vidt jag kunnat finna, första gången under Medeltiden hos Widukind under namnet Odera[2]. Sedermera nämnes den ofta, så hos Thietmar och andra, men Adam af Bremen är den förste, som lämnar några närmare upplysningar om densamma.

Oddara är, säger Adam, Sclavaniens största flod (ditissimus amnis). Den upprinner i en djup skog i Mährernas land (in profundissimo saltu Marahorum) ej långt ifrån Elbes källor. Men under det denna flod, som vi ofvan sett, rinner mot nordvest, vänder sig Oder — säger Adam — mot norr[3], genomflyter Winulernas (slavernas) länder och utfaller i Östersjön, där den bildar gräns mellan Wilzernas och Pomeranernas land.

Hvad flodernas riktning beträffar, vill det sålunda synas, som om Adam öfverflyttat den i deras nedre delar rådande strömriktningen på hela deras lopp. I allmänhet synes Adams kännedom om de sydöstliga europeiska ländernas storlek och inbördes läge, att döma af de sparsamma antydningar, som härom hos honom förekomma, varit mycket oriktigare och ofullständigare än beträffande Östersjöländerna,

---

[1] *Adam* I c. 40. *Ann. Fuld.* 869 ff. *Thietmar* III c. 1 ff. *Helmold* I c. 7.

[2] Viadrus, slav. Vjodr, Oder. Floden Suebus är möjligen ock samma flod. *Widukind*, Hist. Sax. II c. 21.

[3] *Adam* II c. 19.

hvilket ju är helt naturligt. Vi få senare tillfälle att något mera återkomma till denna sak. —

Vid floden Oddaras mynning, där den utfaller i det skytiska hafvet, ligger, säger Adam, den beryktade staden *Jumne* (nobilissima civitas Jumne). Då Adam om denna stad har den utförligaste skildring, som om densamma i samtida berättelser öfverhufvud förefinnes, torde det ej vara olämpligt att här i sammanhang behandla alla viktigare historiska upplysningar, som stå att finna i källorna före Adam af Bremen om denna i Nordens historia så frejdade stad.

Det är först under det tionde århundradet, som man kan finna några upplysningar om staden[1]. I Wulfstans reseberättelse finnes den ännu ej omtalad, hvaraf man dock ej kan sluta, att den vid denna tid ej fanns till. De talrika myntfynden från åttonde och nionde århundraden synas tvärtom visa, att staden varit en mycket gammal slavisk handelsort, ehuru de skriftliga källorna härom iakttaga fullständig tystnad. Det första ställe i äldre handlingar, som man trott syfta på Jumne eller Wollin, är den provincia Woltze, som omtalas i stiftelurkunden för biskopssätet Havelberg 946[2].

Ehuruväl detta är mycket ovisst, torde det icke desto mindre vara säkert, att staden då fanns, i det att den om-

---

[1] *Langebeks* (S. R. D. I s. 461) förmodan, att den stad i slavernas land, som Ansgarii Vita (c. 16) omtalar, skulle varit Jumne, är blott en gissning. Att Helmold (I c. 2) skulle syfta på den här omtalade förstöringen genom danskarne är oriktigt. — Sägnen om Julins grundande genom Julius Cæsar förekommer först i Ottos af Bamberg lefverne och beror naturligtvis blott på namnlikheten. Dylikt snobberi är för öfrigt mycket vanligt. Så säger *Helmold* (I c. 38) om Wollgast, att det vanligen kallas Woligost men de bildade kalla det efter dess grundläggare Julius Cæsar *Julia Augusta!* På en dylik namnlikhet (Svantovit = Sanctus Veit) beror också sägnen om Rügiernas forna kristendom. *Fock*, Rügensch. Pommersche Geschichten s. 101 ff.

[2] Jfr *Schafarik*, Namen und Lage der Stadt Vinetha s. 19 ff.

kring 20 år senare omtalas som en 'mäktig handelsstad. Här-
med förhåller sig sålunda.

Hos Widukind berättas[1], hurusom den i den tidens
historia mycket omtalade grefve Wichmann begifver sig till
de Slaver, som kallas Wuloini, och uppeggar dem till krig
mot den polske konungen Misaca (Micyslav). I dessa Wu-
loini torde man säkerligen hafva att igenkänna Wollinerna,
och det framgår af Widukind, att de voro mycket mäktiga.
De blefvo emellertid slagna af de förenade furstarne af
Böhmen och Polen och Wichmann stupade. Det skedde
omkring år 967.

Om krigets slutliga utgång lämnas oss inga under-
rättelser, hvarken af Widukind eller någon annan tysk källa.
Egendomligt nog finnes emellertid, efter hvad det vill synas,
åtskilliga upplysningar härom i en källa från helt annat håll,
nämligen i den förut omtalade juden Ibrahims reseberättelse.

Här omtalas bland andra folk Preussarne (Brûs) och
den vester om deras land belägna märkliga kvinnornas stad,
hvarom mera nedan. Därpå fortsätter Ibrahim:

»Vester om denna stad bor en slavisk stam, som kallas
»Ubaba». Dess område är sumpigt och ligger i nordvest
om Misjkos (Micyslavs) rike. De hafva en stor stad vid
oceanen med 5 portar och en hamn, för hvilken de hafva
förträffliga anordningar. De ligga i krig med Misjko och
äro mycket mäktiga. De hafva ingen konung och äro ingens
undersåtar. Deras äldste styra öfver dem»[2].

Beträffande denna berättelse öfverensstämma Kunik och
Goeje i den åsikten, att den omtalade staden icke kan vara
någon annan än Danzig. I stället för Ubaba vill Goeje sätta
Kûjâba (Kujavien), under det Kunik tänker på Kassuberna[3].

---

[1] *Widukind* III c. 69.

[2] *Wigger* anf. a. s. 16 ff. *Gesch. schreiber* d. d. Vorzeit 10 Jahrh.
Bd. VI s. 141.

[3] *Wigger* s. 17. Geschichtschreiber s. XI. Goeje förlägger i likhet
med Rosen Ibrahims resa till år 965.

Ehuru det väl torde vara obestridligt, att staden Danzig vid den tid, då Ibrahim besökte Tyskland, redan fanns, eller rättare sagdt en slavisk stad Gyddanyzc[1] på det ställe där den senare staden Danzig i midten af 1200-talet anlades, synes det mig dock mycket osannolikt, att Ibrahim syftar på denna. Det är nämligen att märka, att han förlägger det ifrågavarande landet åtskilligt vester om Preussarnes land och i nordvest om Misjkos rike, som vid denna tid sträckte sig i vester öfver mellersta Oder, undor det att han mycket riktigt förlägger Preussarnas land norr om detsamma. Läget af den stad, som Ibrahim omtalar, synes således utesluta tanken på Danzig. Dessutom synes af framställningen i Adalberts lefverne framgå, att denna stad ingalunda var af någon större betydenhet; ej heller låg den, som den stad Ibrahim omtalar, vid hafvet.

Denna senare stad är sålunda att söka längre i vester, och då här ingen annan slavisk sjöstad af någon betydelse omförmäles, torde man kunna med Haag antaga, att här åsyftas handelsstaden Jumne, om hvilken sagoberömda stad man sålunda tyckes erhålla de första underrättelserna af en främling från det aflägsna södern.

Att så är kan man också finna bestyrkt af berättelsen, att de lågo i krig med den polske konungen Misjko. Man får nämligen ihågkomma, att Ibrahim gjorde sin resa i Tyskland ej långt efter det omtalade kriget mellan Wollinerna och Polen, och det synes mig därför högst sannolikt, att det just är på denna fejd som Ibrahim här syftar. I så fall hafva emellertid Wollinerna gjort Polen ett kraftigt motstånd. Som vi ofvan nämt infaller Ibrahims resa i Saxen våren 973. Ännu vid denna tid fortfar fejden med Polen och Wollinernas makt är ännu obruten[2].

---

[1] Biskop Adalberts af Prag lefverne c. 27 (Gesch. schreiber 10 Jahrh. 7 Bd.)

[2] *Geschichtschr.* Bd VI s. 142. G. Haag förmodar Ubaba vara Welatabi eller Wilzerna. Jfr *Hauck*, Kirchengesch. III s. 74.

74

Emellertid kunde de säkerligen ej på längden hålla . stånd mot den sig allt mer utbredande polska makten, som underlade sig hela det bakom dem liggande fastlandet ända till Oder i vester. Man torde ej misstaga sig, om man anser, att dessa förhållanden på ett eller annat sätt blefvo anledningen till *Jomsborgs* grundande af nordiska vikingar.

Att med någon säkerhet söka afgöra, huru detta tillgått, är omöjligt, då de äldre källorna ej härom gifva några upplysningar. Osannolikt är ej att Wollinerna, hårdt ansatta af Polen, själfva begärt hjälp af Danskarne, och att dessa uppbyggt en borg på det strax invid staden belägna berget (Silberberg) samt mot erhållande af skatt förpliktat sig att skydda staden mot fiendtliga angrepp.

Ur Nordens historia är bekant, hvilken rol dessa Jomsvikingar spelade i slutet på 900- och början af 1000-talet. Hvad själfva den slaviska staden Jumne beträffar, får man om densamma under denna tid föga underrättelser. Tvifvelsutan fortfor den att vara en betydande handelsstad, om den än trycktes ned till politisk obetydlighet af sina mäktiga beskyddare i Jomsborg och sin granne, den polska makten. Dennas välde blef emellertid ej långvarigt och äfven det danska skyddsherraväldet skulle snart taga en ända. När detta skedde, veta vi ej. Möjligen hade det skett redan före konung Magnus krigståg till staden, hvarom hos Adam berättas[1]. Efter detta höra vi i alla händelser ej af någon dansk besättning. Staden uppblomstrade hastigt och 30 år senare skildras den af Adam som »Europas folkrikaste stad».

»Vid mynningen af floden Oddara — säger han[2] —,

_____

[1] *Adam* skol. 57. Magnus rex classe magna Danorum stipatus, opulentissimam civitatem Sclavorum Jumnem obsedit. Clades par fuit... Orden hos *Helmold* (I c. 2) visa tydligen, att han endast afskrifvit denna uppgift. Magnus har han dock fattat som ett adjektiv, hvilket förklarar hans *quidam* rex Danorum.

[2] *Adam* II c. 19. — Att Jumne, Julin och Vinetha blott äro olika namn på en och samma stad har *Schafarik* i anf. arb. visat. Vinetha är troligen blott en oriktig läsart för Jumneta.

där den faller ut i det Skytiska hafvet, erbjuder den berömda staden Jumne för barbarer och greker, som bo där-omkring, en mycket besökt uppehållsort. Emedan till denna stads pris förtäljas stora och hardt när otroliga ting, synes det mig lämpligt, att här infläta något, som förtjänar omtalas. Det är verkligen den största af alla städer som Europa omsluter. I den bo slaver och andra folk, greker och barbarer. Ty äfven dit anlända Saxare få vistas där och åtnjuta samma rätt som de öfriga; dock få de ej, så länge de där uppehålla sig, offentligen utöfva sin religion. Ty alla äro här ännu fångna i hednisk vidskepelse. För öfrigt finnes, hvad deras gästfrihet och seder beträffar, intet folk som är hederligare och mera tillmötesgående. — Denna stad, som är uppfylld af varor från alla Nordens länder, eger alla möjliga angenäma och sällsynta saker. Där finnes Olla Vulcani, som innevånarne kalla den grekiska elden, om hvilken äfven Solinus[1] talar. Där visar sig Neptun i trefaldig gestalt, ty af tre haf sköljes denna ö; utaf dessa skall ett hafva grön och det andra hvit färg; det tredje är genom oafbrutna stormar ständigt i vildt brusande rörelse.»

»Från Jumne har man» — fortsätter Adam — »åt detta håll en kort roddfärd öfver till staden Dymine, som ligger vid mynningen af floden Peanis, hvarest äfven Runerna bo, åt motsatt håll åter kommer man till landet Semland (Semland provincia) som Preussarne (Pruzi) innehafva[2].»

»Resan dit är af den art, att man från Hamburg eller floden Albia på sju dagar kommer till staden Jumne, om man gör resan till lands. Men vill man resa sjövägen, måste man stiga ombord i Sliasvig eller Aldinburg för att komma

---

[1] Solinus talar ingenstädes om Olla Vulcani. Möjligen syftar Adam dock på ett ställe hos Solinus (c. XXI), där han talar om Oleum Medicum; om den råkar i brand, kan elden ej släckas med vatten, *Bernard*, de Adamo s. 41.

[2] *Hinc—inde* syftar på Jumne. *Laurents* öfversättning, enligt hvilken inde skulle syfta på Dymine, synes mig oriktig.

till Jumne. — Om man seglar vidare från Jumne, kommer man efter en fjorton dagars färd till Ostrogard i Ruzzia.»

Af Adams skildring se vi sålunda, att staden Jumne låg vid Oders mynning på en ö (illa insula), som icke kan vara någon annan än ön Wollin, där staden låg på samma ställe som den nuvarande staden Wollin vid Divenow. Adams yttrande om Neptun i trefaldig gestalt har man ansett vara en alldeles korrumperad text men utan skäl. Det synes mig naturligast att antaga att Adam här helt enkelt med det poetiska uttrycket syftar på de tre vatten, som omgifva ön, nämligen Stettinerhaff., Divenow och öppna hafvet. Att han som Günther menar, skulle afse de tre Odermynningarne Divenow, Swine och Peene strider mot Adams ord:» Tribus enim fretis alluitur *illa insula*[1]».

Beträffande staden i öfrigt finna vi, att den oaktadt alla nära förbindelser med danskarne fortfarande var en *slavisk* stad och att innevånarne ännu voro hedningar så att de kristna ej fingo offentligen utöfva sin religion. Staden har nått en så hög blomstring, att Adam, som förut nämts, anser den vara Europas största stad[2].

Jumne för en liflig handel med kringboende folk, och köpmän från olika håll äro inom staden bosatta. Af dessa nämner Adam särskildt greker och saxare. Med greker menar Adam, som vi sedermera skola se, nästan alltid ryssar, och i de greker, som här omtalas, torde man utan att misstaga sig få igenkänna gutniska eller andra skandinaviska greklandsfarare, hvilka säkerligen allt framgent voro de egentlige förmedlarne af den vendiska handeln mot öster. Denna gick, som Adam också omtalar, öfver Ostrogard i Ruzzia, dit man från Jumne kunde komma efter en fjorton dagars segling.

Att märka är äfven Adams berättelse om, att äfven

---

[1] *Günther*, Adam v. Bremen.

[2] Med Europa torde dock Adam här i likhet med åtskilliga andra författare under Medeltiden mena det hedniska Europa. *Giesebrecht*, Wendische Gesch. I s. 28.

saxiska kömpmän vistades i Jumne, ett af de äldsta vittnes-
börden om den *tyska handeln mot öster*. De åtnjöto här samma
rätt som öfriga köpmän, men synas ej hafva varit så synner-
ligen talrika. Af Adams ord vill det nästan synas, som om
enskilda saxare utsträckt sina färder ända till Novgorod.

Till Jumne kunde man från Hamburg komma på två
vägar, dels till lands och dels till sjös. Om man ville fara
den senare vägen, fick man stiga om bord i Slesvig eller
Aldinburg, dit vägen från Saxen blott var en dagsresa.
Landvägen, som kräfde en tid af 7 dagar, torde väl också
till stor del varit en vattenväg, i det att man seglade upp-
för Elbe in i Havel, som följdes så långt som möjligt, hvarpå
man gick öfver land till Demmin, hvarifrån man sedan blott
hade en kort roddarfärd till Jumne[1]. De saxiska köpmän-
nen voro enligt Heyds[2] förmodan hufvudsakligen från Ham-
burg, Bardewik och Magdeburg.

Beträffande Jumnes handel för öfrigt berättar Adam om
färder till Semland, hvarifrån saxarne fingo de dyrbara pels-
verk, öfver hvars öfverhandtagande bruk Adam beklagar sig.
Äfven synes staden drifvit handel på det enligt Adams åsikt
nära intill midt emot på andra sidan om Östersjön liggande
Birca, som omtalas som en samlingsplats för skepp från bl.
a. sembernas och slavernas land[3].

Hvilka de sällsynta varor voro, som genom handeln
hopades i Jumne, omtalar Adam beklagligen ej något närmare.
Han nämner endast den mystiska Olla Vulcani, som bland

---

[1] En annan landväg till Jumne torde ha gått öfver Ratzeburg,
Schwerin, Malchow, Rethre, till hvilken ort enl. Adam var 4 dagsresor,
Pssewalk och Stettin, eller ock öfver Demmin. *Beltz*, Wend Ålterth. s. 177.

[2] *Heyd*, Gesch. d. Levantehandels I s. 87.

[3] *Adam* I c. 62; IV c. 18. — Om den vendiska handeln se *Her-
bords* Vita Ottonis II c. 24, 32, 39, som har en hel del intressanta skild-
ringar. Julina omtalar han som en stor och befäst stad, men illa byggd
med sumpiga och smutsiga gator. En bro förde öfver Divenow. Inne-
vånarne, bland hvilka funnos en del hemliga kristna, idkade liflig handel,
och vissa tider var staden nästan folktom, då handelsflottan seglat bort.

Adams commentatorer åstadkommit så mycket hufvudbrv. Utan att vilja öka hypoteserna antal med ännu en vill jag endast påpeka att den grekiska elden, trots de ansträngningar grekerna gjorde för att hemlighålla densamma, redan tidigt till sin sammansättning blef känd i Vesterlandet. Den omtalas så vidt man känner först af den på 800 l. 900-talet lefvande, för öfrigt så godt som alldeles okände författaren Marcus Græcus [1].

Det vill synas, som om Jumne just under Adams tid haft sin mest lysande period. Under den följande tiden har man om staden endast sparsamma underrättelser och det äfven sällan af samtida källor [2].

VI.

Dania.

De geografiska skildringar, med hvilka vi i det föregående sysselsatt oss, äro till största delen, som ofvan nämdt, på olika ställen inflätade i Adams historiska framställning i de trenne första böckerna af hans arbete. Vi komma nu

---

[1] Jfr *Berthelot,* Le féu grégeois (Revue des deux Mondes 1891, s. 786 ff.) Frågan om Marcus Græcus och hans liber ignium synes dock ännu ej riktigt klarerad. — *Bernards* förslag att läsa Olea i st. f. Olla synes värdt att beakta. — Olla Vulcani omtalas bland andra äfven af *Rodulfus Glaber,* (Hist. II c. 7) men han menar därmed Vesuvius.

[2] Under Danskarnes härfärd mot Venderna på 1170-talet förstördes staden i grund af Valdemar och Ahsalon. Innevånarne hade förut flytt till Kamin, dit nu också biskopssätet flyttades. Staden Wollin uppbyggdes väl ånyo men vann aldrig någon betydelse. Handeln hade fått andra medelpunkter. Staden förlorade till och med minnet af sin forna storlek, och den sägen spred sig, att det gamla Jumne sjunkit i hafvet och dess innevånare flyttat till Gotland och grundat Visby.

Dylika sägner förekomma i flere upplagor, men ingen af dem synes vara äldre än från 14-talet. Hvad angår berättelsen om Visbys grundande

till hans egentliga geografiska verk, nämligen den »descriptis insularum aquilonis», som uppfyller hela fjärde boken af hans arbete.

Denna inledes med en skildring i nio kapitel öfver danskarnes land (provintia Danorum). Denna är utan all fråga det bäst och utförligast skildrade partiet af Adams hela geografiska framställning, såsom ju var att vänta, då han själf berest detta land och föröfrigt hämtat sina upplysningar därom ur en så god källa som den danske konungens egen mun [1].

Det namn, som Adam ger åt Danmark och danskarne är Dania, Dani. Danernas namn förekommer, för så vidt jag kunnat finna, först hos Jordanes [2], som förlägger dem till ön Scandza, och sedermera ofta under den följande tiden i krönikor och handlingar. Som vi ofvan sett, förekommer det ock i de geografiska skildringarne hos Ravennageografen, den bajerske geografen, konung Alfred med flere. Emellertid blef som bekant detta namn ej det i den senare Medeltidens latinska litteratur förherskande, i det att redan före Adams tid ett annat namn begynt komma i bruk, nämligen *Dacia*. Den normanniske munken Dudo af Quentin [3], som i början af 1000-talet skref sin historia »de moribus et actis primo-

från Julin synes mig denna sägen dock kunna innesluta en viss sanning. Som vi hos Adam sett funnos i Jumne saxiska köpmän, och det är ej osannolikt, att dessa sedan denna stad förstörts, just slogo sig ned på Gotland, där de voro mera i säkerhet för danska flottor.

Men denna åsikt är alldeles oberoende af den nyssnämda sägnen, ty *dess* vittnesbörd är fullständigt värdelöst, hvilket framgår af en undersökning af dess uppkomst.

[1] Några skriftliga upplysningar om danskarne har han ej haft. *Adam* I c. 49: De hystoria Danorum nichil amplius aut scriptum vidi aut ab alio visum comperi.

[2] Getica c. III. Se ofvan c. II.

[3] *Langebek* S. R. D. V s. 218. *Steenstrup*, Norm. I 30 ff. *Wattenbach* I 420 ff. Se dock ofvan s. 30. Dudo har noga studerat Jordanes, som ofta ordagrant anföres.

rum Normanniæ ducum», är den förste, hos hvilken detta namn på Danmark förekommer, och det beror hos honom tydligen på en historisk konstruktion i det han på grund af namnlikheten antager Dania vara samma land som romarnes Dacia. Innevånarne kallades äfven, säger han, Danaer, och sade sig härstamma från trojanen Antenor, en historia, som sedermera vidare utföres af Willelmus Gemeticensis [1].

Hos Adam förekommer emellertid aldrig namnet Dacia, utan han kallar landet, som nyss nämts, ständigt Dania, ehuruväl det ej, synes osannolikt, att äfven han ansett Danerna vara samma folk 'som de Daker, om hvilka han läst hos de äldre författare, som han begagnade. Hans föreställningar i detta fall kan man emellertid ej med önskvärd tydlighet se af det uttryckssätt han använder [2].

Danskarnes land är — säger Adam — nästan helt och hållet söndersplittradt i öar, och han åberopar sig härvid jämväl på Ansgarii Vita (Gesta sancti Ansgarii), hvarvid han åsyftar orden i kap. 25, där emellertid ej talas om Dania utan om Sveonernas land [3].

Landets gräns i söder mot Nordalbingerna var, säger Adam, floden *Egdore* (Eider), som upprinner i den ofvan omtalade skogen Isarnho och utfaller i den frisiska oceanen (oceanum Frisonicum). Denna flod, möjligen identisk med den Lina eller Dina, som Ravennageografen omtalar, omnämnes redan i Ann. Lauriss. och Annales Fuldenses under namnet Egidora [4]. Det har påståtts, att med Eider fordom

---

[1] *Langebek*, ibid. — Se dock ofvan s. 30 om Ravennageografen. — Namnformen Danaer förekommer äfven hos *Thegan*, Vita Hludovici c. 13, 33, 58, och för öfrigt hos många andra författare.

[2] *Adam* I c. 3. IV c. 20.

[3] Ansg. Vita c. 25. Att jordens yttersta länder bestodo af öar är en föreställning, som man fått såväl från de antika författarne som från bibeln.

[4] *Ravennageografen* c. 13: Per quam Daniam plurima transeunt flumina, inter cetera quæ dicitur Lina, quæ in oceano ingreditur. *Ann. Lauriss.* 808 ff. *Ann. Fuld.* 858.

afsågs Treene[1], men att så ej hos Adam kan vara fallet framgår tydligt af hans yttrande om hvar den upprinner. Hos Widukind kallas floden Adora[2].

Den första delen af Dania, hvilken ligger på denna sidan hafvet (Dania cismarina), kallas *Judland*[3], ett namn, hvilket, såsom ofvan påpekadt, möter oss redan i Ottars reseberättelse under formen Gotland, liksom äfven jutarne hos angelsaxarne kallades Geatas. Det sträcker sig — säger Adam — från Egdora på längden cmot norr omfattande en väglängd af trenne dagsresor till öfverfartsstället till Fyen (Funis). Raka vägen från Slesvig ända till Alaburg kräfver däremot en tid af mellan fem och sju dagar, hvilket visar, att Adam mycket riktigt kände till landets utsträckning mot norr[4]. Judlants *bredd* är — fortsätter han — vid Egdora temligen betydlig (diffusior), men längre norrut drager det sig så småningom tillsammans i form af en tunga, i det att det bildar den udde, som kallas Wendila, där Judlant tager slut, den framställning af Jutlands form och utsträckning, som synes synnerligen slående[5].

---

[1] Af den ett par gånger förut citerade »geolog-fantasten» v. Maack (Ztschr. f. Erdk. 1860). Namnet Egidora, nord. Ägisdör, synes honom bevisa att flodens nedre lopp varit en hafsvik.

[2] *Adam*, IV c. 1. *Widukind* I c. 28.

[3] Eller Judlant, *Adam* II c. 3; IV c. 1.

[4] Afståndet från Slesvig (fågelvägen) till Fredericia är knappa 12 mil, under det afståndet mellan Slesvig och Aalborg är 28. Antager man Adams senare uttryck, 7 dagar, är ju proportionen på pricken riktigt angifven. *Adam* ibid. »Detta är, tillägger Adam, kejsar Ottos väg ända till hafvet ytterst vid Wendile (mare novissimum Wendile), som intill denna dag efter den segrande konungen kallas Ottinsand.» Detta är dock säkerligen blott en förmodan af Adam beroende på namnets likhet. Det är föga sannolikt, att kejsar Otto skulle marscherat öfver Jutlands hedar till Oddesund mellan Thyholm och Harsyssel. Se dock *Saxo* ed. Holder s. 325, *Hist. Norv.* ed. Storm 100. Ottinsand var måhända namn på hela Limfjorden?

[5] Det är att märka, att diffusior bör riktigt öfversättas, hvadan hypotesen om de frisiska öarnes dåvarande landsammanhang är lika så förhastad som Günthers åsikt, att Adam här tänker på landet mellan Blaavands Huk och Vejlefjorden. Adam yttrar sig ej om hvar landet är bredast. *Günther* s. 26.

6

Lika träffande skildrar Adam dess natur. »Landet är, säger han ofruktbart (sterilis). Om man undantager de landsträckningar, som ligga utefter floden [Eider], synes nästan allt vara en vildmark (desertum). Jorden är ofruktbar och ligger öde (terra salsuginis) [1]; stora sträckor af landet äro obebodda (vastæ solitudinis). Och ehuru visserligen hela Germanien är afskräckande på grund af sina djupa skogar, är dock Judland ännu mera skräckinjagande än de öfriga länderna, ty till lands undflyr man det på grund af dess ofruktbarhet (propter inopiam fructuum), till sjös på grund af de talrika sjöröfvarne (propter infestationem pyratarum). Endast sällan träffar man odlade bygder; landet är knappast lämpadt för bosättning. Men öfverallt, där hafsarmar möta, har man de största städer.»

Af dessa omtalar Adam flere, nämligen alla som voro eller varit säte för någon biskop. Han kommer då först till *Slesvig* (Sliaswig, quæ et Heidiba dicitur).

Denna stad är en af de tidigast omtalade orterna i Danmark. Den omnämnes redan i Ansgarii Vita som Sliaswic, och förekommer sedan, som vi förut hafva sett, i Ottars och Wulfstans reseberättelser under namnet Hæthum [2]. Hvilket af dessa namn varit det ursprungliga kan jag ej afgöra. Att döma af Adam och den senare Willelmus Malmesbiriensis [3] skulle Sliaswich varit det äldsta namnet. Sannolikare torde dock vara, att Sliaswich var det af saxarne företrädesvis använda namnet, under det att Hæthum eller Heidiba (Hedaby) brukades af danskar och angler. Hvad detta senare namn beträffar, har man velat härleda det af hed (Aslagsheide).

---

[1] Jfr *Adam* II 66, noten i Laurents öfvers. [Där står Hiob 39: 6, bör vara 39: 9.] Om betydelsen af Germania se ofvan.

[2] *Ansg. Vita.* c. 24. *Ann. Lauriss.* 804, 808, Sliesthorp. Se ofvan s. 39.

[3] *Adam* I c. 59: Sliaswich, quæ nunc Heidiba dicitur.» *Willelmus Malmesb.* Gesta regum Angl. (Script. rer. Britt. 90, II s. 121). »in oppido, quod tunc Slaswic, nunc vero Haithebi appellatur.»

En annan etymologi förekommer hos Robert af Elgin, enligt hvilken namnet skulle betyda hamnstad [1].

Namnet Hæthum eller Hedaby kom snart ur bruk, i det att det så småningom undanträngdes af det andra namnet Slesvig. Hos Saxo t. ex. förekommer det förra namnet endast en enda gång [2].

Slesvig ligger, säger Adam, vid en arm af det barbariska hafvet, som innevånarne kalla Slia, och som vanligen hos Adam får epitetet stagnum eller lacus [3]. Staden är väl befolkad och mycket rik (opulentissima). Om dess handel få vi blott veta, att fartyg från dess hamn utlöpa till Sclavanien, Suedia och Semlant, ja ända till Græcia. Emellertid visar detta den stora utsträckningen af Slesvigs handelsförbindelser på denna tid, då det ännu var en af Nordens viktigaste handelsplatser.

Redan i Ansgarii Vita omtalas staden som en betydande handelsort, dit köpmän från alla håll kommo, och af Ottars och Wulfstans reseberättelser kan man jämväl se stadens vidsträckta handelsförbindelser vid denna tid både mot norr och öster. Stadens betydelse berodde hufvudsakligen därpå, att här handelsvägarne från norr och öster sammanträffade med handelsvägarne från vester och söder, från England och uppför Rhen. De härifrån kommande varorna transporterades stundom uppför Eider och Treene till Hollingstedt och därifrån på vagnar till Slesvig för att där ånyo inskeppas. Jämväl de små handelsfartygen släpades samma väg, något som till och med vid ett tillfälle berättas om stora ledungsskepp. Van-

---

[1] Hethe, quod lingua Anglica significat portum. *Robert af Elgin*, Vita S. Canuti. (*Langebek*, S. R. D. IV s. 258). *Jörgensen*, Den nord. Kirkes Grundl. s. 138. — Namnet Slesvig har staden naturligtvis fått af viken, vid hvilken den ligger. *Adam* IV c. 1.

[2] *Saxo*, ed. Holder 454.

[3] *Adam* IV c. 13; skol. 95, 82.

ligen torde dock varorna förts landvägen direkt till Hamburg och Ribe[1].

Staden synes ej mycket hafva lidit af de olyckor, som ej sällan drabbade densamma[2], och först uppkomsten af nya handelsvägar, särskildt genom Lübecks uppblomstring, kunde förstöra dess välstånd.

En af de viktigaste handelsvarorna från de nordiska länderna för hvilka Slesvig tjänade som stapelort, synes hafva varit de dyrbara pelsverk, som i synnerhet från Samland hämtades.

Den andra af de jutska städer, som Adam omtalar, är *Ripa* (Ribe) också en af Danmarks älsta orter. Äfven den omtalas redan på 800-talet i Ansgarii Vita[3]. Jämväl denna stad ligger, enligt Adam, vid en vik, som inskjuter från Oceanen (alio cingitur alveo, qui ab oceano influit). Någon sådan vik existerar som bekant ej numera; dock är det ej omöjligt, att en sådan fordom här fanns, då trakten är lågländ och ofta öfversvämmar. Sannolikast är emellertid, att Adam endast åsyftar Ribeån, som fordom var segelbar och bildade en god hamn vid staden, hvilken ligger på en holme i floden (cingitur alveo). Äfven Ribe var på Adams tid en betydlig handelsort. Man seglade härifrån till Frisia, Anglia och Saxonia, ja staden var enl. skol. 96 till och med utgångspunkten för segelfärder ända till Palestina[4].

Den tredje staden var *Arhusan* (Arhusin, Harusa), det

---

[1] *Jörgensen*, Den nord. Kirkes Gr. s. 138. — *Jörgensen*, Slesvigs gamle Stadsret (Årböger f. nord. Oldkynd. 1880). — Chron. Erici regis, S. R. D. I s. 162: »Sveno cum tota expeditione Danorum venit Sleswic, et adductis inde navibus per terras usque Huchlstieth (Hollingstedt) magnam partem Frisiæ incendio vastavit». (år 1153).

[2] Jfr t. ex. *Adam*, skol. 82.

[3] *Ansg. Vita* c. 32.

[4] *Jörgensen*, Den nord. Kirkes Gr. s. 141. Från Ribe till östkusten gingo två vägar, en söderut till Slesvig och en mera nordlig. Båda stötte tillsammans med Jutlands gamla härväg, som giok från Viborg till Dannevirke.

nuv. Aarhus[1], som enligt Adams föreställning låg vid sundet mellan Jutland och Fyen, och som var utgångspunkten för de vanliga sjöfärderna mot öster och norr, till Fyen, Seland, Sconia och Norvegia.

Den fjärde staden, som Adam omtalar, var *Alaburc* l. *Alaburg,* det nuv. Aalborg. Det låg invid Danias längst mot norr utskjutande udde, och härifrån var den kortaste öfverfarten till Nordmannia. Staden var dock utgångspunkten för ännu längre färder, ity att enl. skol. 148 man härifrån plägade segla ända till Island[2].

Af i det inre Jutland belägna orter omtalar Adam endast en[3], nämligen *Wiberch,* äfven denna ett biskopssäte. Denna stad, Viborg, i äldre medeltida urkunder ständigt kallad Wiberg, låg enl. skol. 99 ungefär midt emellan Aarhusan och Wendila, hvilket ju rätt väl stämmer med verkliga förhållandet.

Hvad norra delen af Jutland beträffar, synes mig Adam hafva en klar och riktig uppfattning. Att han, som Günther menar, ej skulle varit på det klara med, huruvida Wendile varit »ein Meerestheil, eine Provinz oder eine Insel» är fullkomligt oriktigt. Då han i sin ofvannämda skildring öfver Jutland omtalar Wendile, räknar han det, hvilket härvidlag naturligtvis var fullkomligt riktigt, som Jutlands nordligaste udde. Att han för öfrigt var fullt på det klara med dess egenskap af ö framgår såväl af IV c. 16 som af skol. 100 och 101, enligt hvilka Wendila var en af tre delar (Wendila, Morse och Thud) bestående ö vid mynningen af det Baltiska hafvet. Med hafvet vid Wendile, mare novis-

---

[1] *Ár—usi,* vid åmynningen. — Öfverfartsorten på Seland var Hærvig, fjorden vid Kallundborg. *Jörgensen* s. 203, 243.

[2] Alaborg är den enda ort på Jutland utom biskopssätena, som Adam omtalar. Biskopen öfver Vendila bodde i Vestervig på Thyholm, *Jörgensen* 650. Senare flyttades biskopssätet till Borglum. — *Adam* IV c. 11: Alaburc, promunctorium Daniæ.

[3] *Adam* IV c. 2.

86

simum Wendile, menar Adam alldeles tydligt, i likhet med skol. 100, det mellan Wendsyssel och det öfriga Jutland liggande vattnet eller den nuvarande Limfjorden[1] och ingalunda, som Günther menar, Oceanen i norr.

Jutland bebos, säger Adam, ända inemot våra gränser af de danskar, som kallas jutar (Dani quos Juddas appellant). De bo söderut ända till Sliam lacum, där den hamburgska diocesens område vidtager, och där gränsen för danskarnes rike fordom gick. Det är således att märka, att enligt Adam gränsen såväl mellan biskopsdömena Hamburg och Sleswig, som emellan den danska och saxiska nationaliteten ej går vid Eider utan vid Schlei (och Dannevirke). Adam räknar till och med Slesvig för en *saxisk* stad, belägen vid gränsen af danskarnes land[2]. För öfrigt må påpekas, att Adam ej känner några andra innevånare på den jutska halfön än de danska jutarne, och att någon antydan om Nordfriserna ingenstädes hos honom förekommer, ehuruväl de nuv. nordfrisiska öarne af honom i förbigående omtalas[3].

Jutland indelades, berättar Adam, af kejsar Otto i trenne biskopsstift, Slesvig, Ribe och Aarhus, af hvilka det senare

---

[1] *Günther*, s. 25 n. 7. *Adam* IV c. 1. a Sliasvig in Alaburg viam. Hæc est strata Ottonis cæsaris usque ad mare novissimum Wendile, quod... ex victoria regis appellatur Ottinsand. Ottos färd gick sålunda till Aalborg. Se ofvan s. 81.

[2] *Adam* IV c. 13. Skol. 82: »Sliaswig civitas Saxonum Transalbianorum.» Den häftigt omstridda frågan om det slesvigska markgrefskapet skall jag ej här söka afgöra. Se härom *P. Lauridsen*, Vort Folks Sydgrænse (Sönderj. Årb. 1893). Det synes mig dock, som om man från dansk sida allt för mycket negligerade Adams uttalanden. Berättelsen om markgrefskapet har han som bekant fått af en dansk biskop, en »vir prudens». *Adam* I 59. *Bresslau*, Jahrb. d. deutsch. Reichs unter Konrad II, II 146.

Eget är, att Adam ej nämner Dannevirke, som redan i *Ann. Lauriss.* 808 och sedermera hos *Thietmar* III c. 3 utförligt omtalas. Möjligen tänker han dock därpå, när han talar om »terminos Danorum, apud Sliasvig olim positos» (II c. 3).

[3] *Adam* IV c. 3. Sunt et aliæ insulæ contra Fresiam et Daniam sed nulla earum tam memorabilis. Om nordfrisernas invandring se ofvan.

dock snart upphörde[1], så att blott biskopsdömena i Slesvig och Ribe funnos kvar. Det sistnämda indelade emellertid konung Sven med den bremiske ärkebiskopens samtycke (auctoritatem suam præbente archiepiscopo) i fyra biskopsdömen, i Ripa, Arhusan, Wiberch och Wendila, så att på Adams tid Jutland bestod af fem biskopsstift. —

Efter att hafva omtalat ön Farria, hvartill vi senare skola återkomma, öfvergår Adam till skildringen af de danska öarne och kommer då först till ön *Funis* (Fyen).

Funis är, säger han[2], en betydlig ö, (non modica), som närmast efter den, som kallas Wendila, träder en till mötes vid mynningen af den Barbariska viken (Östersjön). Den ligger nära intill Jutland, hvarifrån till densamma på alla håll är en mycket kort öfverfart. Mellan Funis och Jutland går nämligen[3] ett mycket smalt sund, som inskjuter från Österhafvet och i en lång båge (longis anfractibus) sträcker sig mot norr ända till staden Arhusa, ett af de vanliga öfverfartsställena till Fyen.

Som man ser, är detta en synnerligen träffande skildring af Fyens och Jutlands inbördes läge och det dem åtskiljande Lilla Belt, som Adam med en märkvärdigt god uppfattning låter sluta just vid Aarhus. Fyens läge bestämmer han närmare så, att om man genom Judland vill begifva sig till Funis, har man att gå rakt mot norr, under det den, som öfver Funis begifver sig till Seland, får fara mot öster. Häraf, liksom redan af kap. 2, är tydligt, menar Lappenberg, att Adam förlägger Fyen allt för långt mot norr[4]. Hvad som berättigar till denna slutsats är emellertid svårt att inse, då

---

[1] *Adam* IV c. 1, 2; Århus stift upphörde mot slutet af 900-talet och den kraftige Odinkar af Ribe sköter hela norra delen af Jutland. Det återupprättades omkring 1060. *Jörgensen* 408 ff. Tillæg s. 98.

[2] *Adam* IV c. 4.

[3] *Adam* IV c. 1.

[4] *Lappenberg,* not t. c. 4. Han menar antagligen c. 1. om Jutlands utsträckning.

Adams ord ju fullständigt öfverensstämma med verkliga förhållandet. Snarare synes Adam att döma af orden i IV. c. 6 (Seland... habet a meridi... Funem) förlägga ön något för långt mot söder.

På Fyen ligger den stora staden *Odansue* (Odense), sedermera på latin vanligen kallad Ottonia, Fyens hufvudstad och sätet för en biskop; biskopsdömet omtalas redan 988 (ecelesia Othensunigensis)[1].

Sydost om Fyen ligga, fortsätter Adam, i en krets sju mindre öar, som alla äro fruktbara. Af dessa uppräknar han flere, nämligen *Moyland* (Möen), *Imbra, Falstra* (Falster), *Laland* (Låland) och *Langland.* De båda förstnämda omtalas hos Adam första gången, under det de öfriga möta oss redan i Wulfstans reseberättelse[2].

Af de ifrågavarande öarne ligga, säger Adam, alla utom Laland nära intill hvarandra (sibi vicinæ), under det Laland sträcker sig nära intill slavernas länder[3].

Med de öfriga tvänne öar, som Adam ej nämner, menar han säkerligen de invid Fyen liggande öarne Thorsland (Taasinge) och Aeröe. Att han syftat på Alsen, som Lappenberg[4] menar, är ej troligt, då alla de sju öar han omtalar, ligga i en krets, sydost om Fyen. Om Adam kände till Als, räknade han den väl sannolikt till Jutland.

Hvad Adam däremot menar med ön Imbria är svårare att afgöra. Vanligen anser man, att härmed åsyftas ön Fehmern, ity att denna under den senare Medeltiden i handlingar ofta bär namnet Imbria. Men denna åsikt, som efldast

[1] *Jörgensen* s. 239.
[2] Langaland, Læland, Falster. Vitterh. Akad. Handl. VI s. 93, 94.
[3] Detta synes mig vara den riktiga öfversättningen af Adams ord. *Laurents* öfversättning af ... itemque aliæ omnes sibi vicinæ ... med »und so alle anderen in der Nachbarschaft befindlichen» ger ingen mening.
[4] *Lappenberg* not. Ännu omöjligare är Günthers förslag, Amager; att i stället för aliæ läsa Alsey finnes ej heller någon anledning. *Günther* s. 30.

har till sitt stöd namnlikheten, kan ej gärna vara riktig[1]. Först och främst är nämligen att märka, att Adam räknar Fehmern, som han jämväl omtalar, till de länder, som höra till de hedniska slaverna, under det att Imbria uppräknas bland de femton öar, som lyda under danskarnes välde (Danorum regnum aspiciunt) och som alla äro kristnade (omnesque jam christianitatis titulo decoratæ sunt). Dessutom må påpekas, att Adam uppräknar de ofvannämda i sydost om Fyen belägna öarne i noggrann ordning från öster till vester. Imbria har sin plats mellan Moyland och Falstra, hvadan man här i närheten torde hafva att söka denna ö[2].

Beträffande Laland säger Adam, att denna ö sträcker sig längre in emot slavernas område (interius vadat ad confinia Sclavorum). Lappenberg anser, att Adam här begår ett misstag, i det att han förvexlar Låland med Femern[3]. Häri kan jag ej instämma. Femern kan ej åsyftas, då Adam här talar om de *danska* öarne, och då är det ju fullkomligt riktigt att af dessa Låland ligger närmast slavernas land. Att Adam ej här begått någon förvexling med Femern framgår för öfrigt med all önskvärd tydlighet af kap. 18, där han om den senare yttrar, att den är synlig från Aldinburg, liksom den som kallas Laland (sicut illa, quæ Laland dicitur)[4].

Från Fyen går Adam öfver till ön *Seland*. Före Adam finnes denna ö, så vidt jag kunnat finna, endast omtalad hos Thietmar af Merseburg[5] under namnformen Selon; dock

---

[1] Ännu besynnerligare är dock den i Lappenbergs not vidfogade upplysningen, att »præfecturam Aalborghus» fordom kallades Himbusysel.

[2] Om hos Adam verkligen, som *Jörgensen* (236) och andra mena, Imbria skulle vara Fehmern, så har han åtminstone alldeles fullkomligt missuppfattat de underrättelser han fått om ön från danskt håll. — *Bernards* (s. 78) gissning på vestra delen af Möen synes mera sannolik.

[3] *Lappenberg* not. »In describendo situ Lalandiæ errat noster, cum hæc rectius de insula Fehmern dixisset.» — *Adam* IV c. 16.

[4] Afståndet mellan Oldenburg och Låland är omkring fem mil.

[5] *Thietmar* I c. 9.

synes ej Thietmar veta, att den var en ö, då han blott kallar den pagus.

Seland ligger, säger Adam, vid den inre viken af Baltiska hafvet. I förhållande till de redan omtalade länderna bestämmer han närmare dess läge så, att om man från Fyen skall begifva sig dit, får man gå mot öster. Det finnes två öfverfartsställen till Seland, det ena från Funis och det andra Arhusa och båda vägarna äro enligt Adam lika långa[1]. Detta, jämte uttrycket i kap. 5, där han omtalar Fyen såsom liggande söder om Seland, visar, att han förlägger detta senare något för långt mot norr, ungefär nordost om Fyen och allt för nära intill Jutland. — Seland ligger, säger han vidare, på lika långt afstånd från Fyen som från Sconia. Det har i vester Jutland med städerna Arhusa och Alaburg samt Wendila, i norr det norska sundet (fretum Nortmanniæ) i öster Skåne och i söder Fyen och den slaviska viken (sinum Sclavanicum).

Seland är en mycket stor ö (quantitate maxima). Den har en längd af två dagsresor och nästan lika stor bredd, hvilket ju tämligen öfverensstämmer med verkliga förhållandet. I det följande, mot nyssnämda ord som det vill synas stridande uttrycket »per noctem transitur», skulle man kunna vilja se en antydan om, att Seland på midten är mycket smalt, såvida icke yttrandet, hvilket jag anser sannolikare, bör öfversättas: *till* Seland får man öfver på en natt.

Ön är ryktbar för sina innevånares tapperhet och sin fruktbarhet. Endast i sin norra del är den en ödemark (deserta), hvilket ju ännu i dag i viss mon eger sin riktighet[2].

Af på Seland belägna orter omtalar Thietmar af Merse-

---

[1] *Adam* IV c. 5, 4; I verkligheten är afståndet från Fyen till Seland knappast två mil, under det att afståndet från Århus till Seland (Själlands odde) är öfver 7 mil.

[2] *Falbe Hansen* og *Scharling*, Danmarks Statistik. I s. 222 ff.

burg[1] *Lederun* (Leire) Danmarks hufvudstad. Här samlades,
säger han, hvart nionde år i januari månad, vid den tid då
vi fira Kristi ankomst, allt folket och offrade åt sina gudar
99 menniskor och lika många hästar samt hundar och tuppar
i den tron, att dessa skulle göra dem tjänster hos under-
jordens gudar och försona dem för deras begångna miss-
gärningar.

Detta beryktade offerställe förekommer ej omtaladt hos
Adam. I stället omtalar han det ej långt därifrån belägna
Roschald (Roeskilde). Det är, säger han, Selands största
stad och danskarnes konungasäte (sedes regia Danorum).
Här låg äfven[2] en af konung Harald (Blåtand) grundad, åt
den heliga treenigheten invigd kyrka, där äfven denne konung
var begrafven. Denna kyrka, som omkring 1184 blef färdig-
byggd, är den nuvarande S:t Luciuskyrkan (domkyrkan) som
i vestra delen af koret har kvar delar af den äldsta bygg-
naden.

Om Seland förtäljer Adam vidare, att denna ö är rik
på guld, som genom sjöröfveri här hopas. Ty, säger han,
sjöröfvarne själfva, hvilka danskarne kalla vikingar (Wi-
chingos), de våra däremot askmän (Ascomannos[3]), betala till
den danske konungen skatt för tillåtelsen att plundra bar-
barerna, som i stort antal bo omkring detta haf. Däraf
händer emellertid också, att de ofta missbruka den frihet,
som de erhållit gent emot fiénderna, gent emot sina egna

---

[1] *Thietmar* I c. 9. Tuppar offrades i brist på *hökar* (»Höknatten»).
Jörgensen (s. 247) tror ej, att något stort folkblot här egt rum, då något
sådant ej annorstädes omtalas, utan att Thietmar hit förlagt hvad han hört
om bloten i Upsala. Detta torde väl emellertid vara en förhastad slutsats.

[2] *Adam* II c. 26: ».... apud Roscald civitatem sepultum est in
ecclesia, quam ipse primus construxit in honore Sanctæ Trinitatis.» —
Jämväl konung Sven ligger i denna kyrka begrafven.

[3] *Adam* IV c. 6; II c. 29. »Af de store Skibe som Angelsakserne
og de Danske kaldte Asker, bleve Vikingerne benævnte Ascomanni.»
Steenstrup, Normannerne I 353. Jfr *Tuxen*, De nordiske Langskibe (Årb.
f. nord. Oldk. 1886).

landsmän; till den grad trolösa äro de mot hvarandra, och utan medlidande säljer den ene den andre,· så snart han fångat honom, som slaf (in jus famulicii) åt en stamförvandt eller åt en barbar.

Denna Adams skildring är i flere afseenden intressant. Först och främst visar den, hvilket äfven af många andra ställen hos Adam framgår, att vikingaväsendet på hans tid var i synnerligen stor blomstring särskildt i det Baltiska hafvets farvatten. Vidare är att märka, att sjöröfvareyrket utöfvades ej af några fredlösa och landsflyktiga höfdingar, utan med den danske konungens medgifvande, och denne drog däraf en god vinst. Han hade sålunda intresse af att hålla det vid makt, ehuruväl det ej alltid kunde hållas inom tillbörliga gränser. Vikingatågen mot Tyskland hade nu i det närmaste upphört — det sista som omtalas skedde 1047 — och det var hufvudsakligen Venderna som voro utsatta för danskarnes plundringar. Dessa voro dock ingalunda svarslösa och många danska städer och byar lades af deras flottor i aska[1].

Af Adams ord framgår vidare, att ett af de hufvudsakliga ändamålen för vikingafärderna var att röfva människor för att sedan sälja dem som slafvar. Slafvar synas i själfva verket jämte pelsverk varit den mest kuranta varan på de nordiska marknaderna. Slafhandeln, särskildt mot öster, synes för öfrigt hafva varit uråldrig. Så långt man känner tillbaka i tiden, voro slafvar Svarta-hafs-skyternas hufvudsakliga exportartikel, och som af Ibn Foszlans reseberättelse framgår, voro slafvinnor jämte pelsverk de viktigaste handelsvaror, som ryssarne medförde hemifrån för att utbyta mot guld och silfver[2].

---

[1] *Adam* III 50, skol. 82 och annorstädes.

[2] *Frähn*, Ibn Foszlan s. 7, 9: — — seine Mädchen und die Schönen die zum verhandeln bestimmt sind — — ein Kaufmann zu ihnen ins Haus tritt um ein Mädchen zu kaufen. — »Så snart de, berättar Ibn Foszlan om ryssarne, kommit till ankarplatsen, går hvar och en af dem i land, medförande bröd, kött, mjölk och en rusdryck, och går fram till

Slafhandeln drefs för öfrigt ej blott af svenskarne och danskarne utan äfven af saxare och framför allt af Venderna, hvilkas plundringståg in på slaviskt och danskt område hufvudsakligen skedde för att bortsläpa människor i fångenskap. På de stora handelsplatserna i Jumne, Aldinburg och annorstädes höllos antagligen slafmarknader, likasom förhållandet var på andra ställen i Norden, såsom på Brännöarne vid Göta elfs mynning[1]. —

Af öfriga i närheten liggande öar omtalar Adam tvänne, nämligen Samsö och Sprogö, hvaremot Anholt och Lessö ej omnämnas. Den förstnämda ön, Samsö eller *Samsa* som den hos Adam kallas, förlägges mycket riktigt utanför staden Arhus (quæ opposita est civitati Arhusin) — Ön Sprogö eller, som Adam benämner den, *Sproga*, ligger enligt skol. 107 mellan Seland och Funis. Det är en obetydlig ö (insula parvula); för öfrigt ett vikinganäste (spelunca latronum) och en stor skräck för alla förbifarande. Hafvet är här, säger Adam, stormigt och uppfyldt af dubbla faror, i ty att om man också lyckas få gynnsam vind, kan man dock svårligen undkomma sjöröfvarne[2].

Från Seland öfvergår Adam till *Sconia* (Skåne). Denna provins, hvars namn redan torde träda oss till mötes i de gamles Scatinavia, omtalas sedermera i Wulfstans reseberättelse under namnet Sconeg såsom ett till Danmark hörande landskap.

---

en uppstäld hög träfigur, som har ett människoansikte och är omgifven af flere mindre dylika. För denne kastar han sig ned och säger: 'O, min Herre, jag är från ett fjärran land och har med mig så och så många flickor och så och så många sobelskinn — — — jag vill att du sänder mig en köpare, som har godt om guld och silfver och köper allt för det pris jag begär'.»

[1] *Adam* III c. 25. *Montelius,* Sveriges Hednatid och Medeltid s. 305, 6.

[2] *Adam* IV c. 16, 4. Hvad Adam menar med den sjunde ön, som ligger intill Seland torde vara osäkert. Lappenberg tar för gifvet, att Adam menar den förut omtalade Sprogö. Af uttrycket *adhæret* skulle man dock snarare tänka på Amager eller någon af de Seländska halföarne.

Huruvida Wulfstan kände till dess fastlandsnatur, kan man ej med säkerhet se, men sannolikt är, att han det gjorde. Konung Albert hade i alla händelser kunskap därom[1].

Sconia, hvars namn Adam härleder af ordet skön[2], ligger enligt hans framställning öster om Seland, mot hvilket det sträcker en udde, hvarmed menas Skånes framskjutande nordvestra del[3]. Från Seland till Sconia finnas många öfverfarter, den kortaste vid *Halsinpurgh* (Helsingborg) som äfven ligger inom synhåll[4]. Här är ett vanligt tillhåll för vikingar (familiare latibulum pyratis), och här pläga ofta utkämpas sjöslag mellan Nordens konungar[5].

Sconia är Danmarks bortersta del. Det är i det närmaste en ö (fere insula), i det att det på alla håll omgifves af hafvet förutom i öster, där det med en landtunga fasthänger med fastlandet. Här går gränsen mellan Sweonia och Dania. Adam förlägger nämligen, som vi äfven senare få se, Sverige ej norr utan öster om Skåne, hvilket bland annat beror på hans oriktiga uppfattning af det Baltiska hafvets hufvudriktning.

Skåne är, säger Adam, dubbelt så stort som Seland, hvilket han sluter däraf att det har dubbelt så många kyrkor som denna ö. Skåne har nämligen enligt Adam ej mindre än 300 kyrkor, under det att Seland skall hafva hälften och Fyen tredjedelen så många.

---

[1] Han talar nämligen om »North Dene, ægther ge on them *maran landum* (fastlandet) ge on them iglandum.» *Porthan* s. 54.

[2] *Adam* IV c. 7, Sconia est pulcherrima visu Daniæ provintia, unde et dicitur.

[3] *Adam* IV c. 5. Ab ortu respicit promunctorium Sconiæ.

[4] *Adam* IV c. 7; II c. 38. Man har af Adams ord dragit den slutsatsen, att han själf varit vid Sundet och sett Helsingborg. Ehuru hans ord ingenting bevisa, synes mig saken ej osannolik, helst som uttrycket återupprepas. Dessutom må påpekas att Adams kännedom om Skåne är betydligt sämre än om öarne.

[5] Sjökrig är enl. Adam det vanliga stridssättet bland Nordens folk. *Adam* II c. 28. Jfr häremot *Steenstrup*, Normannerne I 262 ff. — I sundet vid Helsingborg förlägger Adam också det s. k. Svolderslaget (Adam II c. 38).

Skåne är för öfrigt Danmarks vackraste landskap; det är väl befolkadt, fruktbart och rikt på handelsvaror. På gränsen mot Sueonia finnas emellertid djupa skogar och branta berg, öfver hvilka man nödvändigt måste färdas, då man från Skåne skall begifva sig till Gothia, så att man, säger Adam, är tveksam, huruvida det är lättare att genom att trotsa farorna till sjös undvika farorna till lands eller om man skall föredraga de senare framför de förra.

Det svenska landskap, hvartill Skåne gränsar, är enligt Adam[1] Westragothia, hvadan han här tydligen till Skåne räknar jämväl Halland. Med det förhållandet, att Skåne i Norden brukades i tvänne bemärkelser, dels som själfva Skåne och dels som de skånska landskapen öfverhufvud, synes Adam ej hafva varit fullt på det klara, hvilket säkerligen i sin mon bidragit till hans missuppfattning om Skånes och Sveriges inbördes läge[2].

Skånes hufvudstad (civitas prima, metropolis) är staden *Lundona* (Lund), hvilken stad enligt skol. 111 konung Knut bestämt till en medtäflerska åt det brittanniska Lundona (London). Här var sätet för biskopen öfver Skåne, sedan detta efter biskop Avoccos död skiljts från Selands biskopsstift[3]. Af öfriga i Skåne belägna orter omtalar Adam jämväl *Dalboia* (Dalby) förut ett biskopssäte, numera ett under Lundabiskopen lydande prosteri för efter klosterregel lefvande bröder (præpositura fratrum regulariter viventium)[4].

---

[1] *Adam* IV c. 23.

[2] Jfr *Saxo*, Præf., som omtalar Halland och Blekinge som två från Skåne utskjutande armar: s. 638 omtalas» nemus quod Hallandiam a Gothia secernit.»

[3] *Adam* skol. 111, 113; IV c. 9; 8. Enligt skol. 113 ligger Lundona lika långt från hafvet som från Dalby, hvilket väl stämmer med verkliga förhållandet. — Om Knuts planer *Jörgensen* 457.

[4] *Adam* IV c. 8, 9. *Jörgensen* 655. Med fratres regulariter vivintes menas prester, som lefde enligt vita canonica. De bodde tillsammans vid katedralen, hade gemensamt dormitorium och refectorium, bestämd dagordning och gemensam kapitelläsning (domkapitel).

1 sammanhang med framställningen af biskop Eginos missionsverksamhet bland hedningarne omtalar Adam tvänne under Danmarks välde lydande folk. Det första af dessa är *Pleicani* eller Blekingarne, som genom Egino blifvit omvända till kristendomen. Blekinge omtalas, som vi ofvan sett, redan under det nionde århundradet i Wulfstans reseberättelse (Blecingêg), ehuru såsom ett till Sverige (Sveon) hörande land; men då det sedermera under det elfte århundradet framträder i historien hör det till det danska riket. Orsaken härtill är säkerligen att söka just i Eginos missionsverksamhet. Då blekingarne nämligen blefvo kristnade genom biskopen i Lund, var det klart, att denne, i synnerhet då det var en så kraftig personlighet som Egino, skulle söka att bringa dem i icke blott kyrklig utan äfven politisk förbindelse med Lunds stift och därigenom med Danmark [1].

Sannolikt var förhållandet detsamma med ön Bornholm, *Hulmus* eller Holmus, som den af Adam kallas, hvilken ö jämväl omtalas som föremål för Eginos missionsifver. Äfven Bornholm omtalas först i Wulfstans reseberättelse likasom hos konung Alfred, men hör ej heller den till Danmark utan har sin egen konung. — Ön var enligt Adam belägen nära intill Skåne och Götaland (Sconiæ ac Gothiæ proxima). Att han förlägger den nära Götaland beror väl på en slutsats däraf att ön låg något östligt från Skåne och enligt Adam Skåne omedelbart mot öster följdes af Gothia. — Bornholm är enligt Adam Danmarks ryktbaraste hamn och en säker uppehållsort för de fartyg, som pläga utlöpa till barbarernas länder och till Græcia [2].

---

[1] Att Blekings skiljande från Sverige härigenom föranleddes anser äfven *Rydberg*, Sveriges Traktater I s. 55. Den slutliga gränsregleringen, som omtalas i en codex af den äldre vestgötalagen, skedde säkerligen mellan 1060—1056 under Emund Slemmes och Sven Estridssons regeringar.

[2] Att namnet Bornholm står i något slags sammanhang med Burgunderna är föga troligt. Snarare torde det betyda holmen med de många borgarne. *Jörgensen* 765. — *Adam* IV c. 8, 16.

VII.

Baltiska hafvet och kringliggande länder.

Efter att hafva lemnat Dania kommer Adam i kap. 10 till sin skildring af det Baltiska hafvet, hvarmed han, som vi strax skola se, menar ungefär nuvarande Östersjön med Kattegat och Skagerak.

Beträffande de äldre uppgifterna om detta haf få vi hänvisa till framställningen i kap. II. Vi påminna här endast, att namnet Östersjön (Ostsæ) först förekommer hos konung Alfred, och det är tydligt, att äfven Adam, tvärt emot Günthers[1] påstående, väl känt till detta namn[2], ehuruväl det icke är det hos honom vanligast förekommande. Det namn, som han mest använder, är som nämdt det Baltiska hafvet, *mare balticum*[3], hvilket namn hos honom först förekommer. Det kallas så, säger han, af innevånarne, emedan det likasom ett bälte (in modum baltei) sträcker sig långt inåt landet. Denna namnförklaring synes i och för sig ej osannolik. Namnet skulle i så fall hafva uppkommit i sydvestra delen af Östersjön, där ännu Bältena skulle vara en kvarlefva af det forna namnet. Sannolikare synes dock härledningen från det fornpreuss. lett. och litth. baltas, hvit, enligt hvilken namnet skulle betyda hvita hafvet och härstamma från den sydöstra kusten af Östersjön[4].

Jämväl flere andra namn på detta haf förekomma hos Adam. Det kallas äfven, säger han, efter de vid dess kuster

---

[1] *Günther*, Adam v. Bromen s. 31, har funnit Östersjöns namn först en karta af år 1555. Frankiska annaler omtala vid år 808 Östersjön under namnet Ostarsalt. Se ofvan s. 32.

[2] *Adam* II c. 15 — »mare quod *vocant* orientale», skol. 115.

[3] Eller »sinus Balticus» Adam IV c. 10.

[4] Jfr *Schafarik*, Slav. Alt. I 451 ff.

boende folken det barbariska eller skytiska hafvet, (mare barbarum seu pelagus Scithicum). Det är också, enligt Adams åsikt, på detta haf och dess kuster, de gamle syfta, då de tala om de skythiska eller meotiska träsken, Geternas ödemarker eller den skytiska stranden [1]. Denna olyckliga förblandning af Östersjön med de gamles Paludes Meotides, så mycket mer i ögonen fallande, som den knappast förr än hos Adam förekommer, har på Adams hela framställning utöfvat ett ödesdigert inflytande, ity att, som vi sedan få se, på densamma beror större delen af de misslyckade identifieringar af samtida folknamn med från antiken hämtade, som hos Adam förekomma [2].

Vid sin framställning af det Baltiska hafvet anknyter sig Adam till Einhards ofvannämda skildring i Vita Caroli, (c. 12). Likasom denne betraktar han detsamma såsom en mot öster inskjutande vik af Vesterhafvet. Einhards uppgift, att dess längd var okänd, finner Adam bekräftad af en sjöfärd, som gjorts af den danske jarlen [3] Ganuz Wolf [4] och Harald, nordmännens konung. Dessa hade nämligen, berättar han, på en mödosam väg och under stora faror för sin följe-

---

[1] *Adam* IV c. 20; 10; skol. 115. De olika namn Adam här anför äro hämtade från diverse olika håll, såsom från Martianus, Orosius, Solinus och Virgilius.

[2] Adams mening är naturligtvis icke, som *Günther* (s. 32) tror, att Östersjön *sträcker sig ända till* de mæotiska träsken, utan han anser dem vara *fullt identiska.*

[3] *Adam* II c. 16; IV c. 10; 11. — Det stundom i påfvebref förekommande ordet *satrapa* är för öfrigt i Vesterlandet mycket sällsynt. I Österlandet lär det aldrig förekomma. *Döllinger,* Papstfabeln s. 63. Då konung Ethelred använder satrapæ i st. f. ealdormanni, synes mig *jarl* vara en så godt som ordagrann öfversättning af ordet. Jfr också *Steenstrup,* Normannerna I s. 283.

[4] Konung Svens trogne anhängare Ulf Jarl, som efter ett tåg till Galizien i Spanien kallades Galizie-Ulf. *Munch,* Det norske Folks Hist. II s. 19. Lappenbergs förmodan, att Ganuz Wolf skulle betyda »Gamul Wolf, Wolf der Alte är således säkerligen oriktig. — Om det ifrågavarande sjötåget är för öfrigt ingenting bekant.

slagare undersökt detta hafs utsträckning, men genom de dubbla förluster som tillfogats dem af vindar och vikingar, blifvit modfällde och tvungits att återvända. Emellertid försäkra danskarne, tilläger han, att detta hafs längd ofta utforskats af flere, och att några efter en månads segling med gynsam vind från Dania framkommit till Ostrogard i Ruzzia.

Hvad det baltiska hafvets bredd beträffar, anför Adam också Einhards ord, att den ingenstädes öfverstiger 100,000 passus. Detta, säger Adam, kan man också se vid dess mynning. Denna, hvilken Adam räknar mellan Jutlands nordliga udde och den Bohuslänska kusten (Göta Elfsmynningarne)[1], är nämligen så smal, att man med lätthet på en dag eller en natt kan segla från Alaburg eller Wendila i danskarnes land till det norska landskapet Wiken (Wig, civitatem Nortmannorum)[2].

Inom danskarnes område sträcker detta samma haf, säger Adam[3], sina armar vida omkring, med hvilket uttryck han tydligen syftar på de vidlyftiga farvattnen omkring de danska öarne. Först vid Goternas land, hvilka bo midt emot Willzerna, drager det sig åter tillsammans. Men därpå utbreder det sig desto mera ju längre det tränger in i landet.

Det kan ej nekas, att denna Adams skildring af det

---

[1] *Adam* VI c. 11. Inter Alaburc, promunctorium Daniæ, scopulosque Nortmanniæ». — Såväl af den korta öfverfarten som af åtskilliga andra omständigheter (jfr *Adam* IV c. 30, 32; skol. 126) är klart, att Adam här räknade Baltiska hafvets början och man skulle sålunda kunna säga, att han strängt taget ej räknade Skagerrak till det Baltiska hafvet.

[2] *Adam* IV c. 11 och 32. Likasom på ett par andra ställen har Adam här förvexlat stad och landskap. Att med Wig åsyftas det norska landskapet Viken, och ej som Lappenberg (not) och efter honom Günther med flere anse, en vik vid Tönsberg, torde vara öfverflödigt att påpeka.

[3] *Adam* IV c. 11. »Egressus limitem Danorum» synes mig sålunda böra öfversättas, då egredi jämväl kan betyda beträda. Laurents öfversättning »sobald es über das Gebiet der Dänen hinaustritt», blir meningslös. — *Günthers* mening (s. 31), att Adam tänkt sig en tudelning af Östersjön med en arm åt norr och en åt söder, saknar hvarje stöd.

baltiska hafvet i det stora hela är träffande, och de missupp-
fattningar, hvartill han gör sig skyldig, synas hufvudsakligen
bero på en allt för stor pietet mot Einhard. Så har han
säkerligen från denne fått sin föreställning om den svenska
östersjökustens öst-vestliga sträckning, på hvilken återigen
tydligen beror hans åsikt om hafvets sammandragning mellan
Goternas och Wilzernas land samt åtskilliga andra oriktig-
heter, hvartill vi senare skola återkomma.

För de olika delarne af det baltiska hafvet har Adam
särskilda namn. Så talar han om den *inre viken* af det
baltiska hafvet (sinus interior maris Baltici)[1] hvarmed han
menar det öster om Seland belägna hafvet, således den egent-
liga Östersjön. Det emellan ,de danska öarne och slavernas
land liggande hafvet ger Adam efter dessa senare namnet
den slaviska viken, *sinus Sclavanicus,* och det norr om Se-
land belägna farvattnet kallar han Norgessundet, *fretum Nord-*
manniæ, hvilket sålunda noga motsvarar det nuvarande
Kattegat[2].

Då Adam sedermera öfvergår till framställningen af de
vid det baltiska hafvet boende folken, utgår han likaledes
ifrån Einhards ord, som han därpå närmare utvecklar. På
den norra kusten af det baltiska hafvet, säger han[3], möter
oss först Nortmannernas land, därpå framskjuter det danska
landskapet Skåne, hvarefter följer ett vidsträckt land, som
Goterna bebo ända till Birca. Därefter herska Sveonerna
öfver ofantliga områden ända till kvinnornas land. Öster[4]
om detta omtalas så fem andra folk, om hvilka vi strax skola
tala, och slutligen kommer han till Ruzzia, som ligger vid

---

[1] *Adam* IV c. 5.

[2] Noricum fretum, det norska sundet, kallar äfven *Saxo* (ed. Holder
s. 4) vattnet mellan Danmark och Norge.

[3] *Adam* IV c. 12; 14.

[4] *Supra.* Så ofta detta ord hos Adam betecknar ett väderstreck,
torde det alltid böra öfversättas med öster, då tidens kartor vanligen ega
en östlig orientering, beroende på föreställningen om paradisets läge o. s. v.

ändan af den baltiska hafsviken (in qua denuo finem habet ille sinus).

Redan af denna framställning är det tydligt, att Adam, i olikhet med hvad Günther[1] anser, är fullt på det klara med Skandinaviens landsammanhang med Europa och ännu tydligare framgår detta af hans ord i kap. 15. »Också försäkra, säger här Adam, de, som äro bekanta med dessa trakter, att personer från Sveonia på landvägen framkommit ända till Græcia. Men, tillägger han, de barbariska folk, som bo i de mellanliggande länderna, utgöra ett hinder för dylika resor, hvarföre man hellre till sjös gör denna farliga färd.» —

Om de vid det Baltiska hafvets södra kust boende danskarne och slaverna vester om Oder hafva vi redan talat. Vi skola nu öfvergå till de folk öster om denna flod, hvilka Adam omtalar.

Närmast på andra sidan om Oder träffa vi då först på *Pomerani,* pomrarne, ett ljechiskt folk, hvars namn här för första gången omtalas[2]. Därpå följer *Polanernas* vidsträckta land, som jämväl gränsar till Böhmarnes och Preussarnes samt i öster till Ryssarnes land, Ruzzia eller Græcia, om hvilket vi strax skola tala. Dessförinnan skola vi dock omnämna trenne i det Baltiska hafvet nära intill slavernas land liggande öar, som Adam omtalar.

Den första af dessa öar är *Fembre,* hvilken ligger midt emot Vagrernas land (opposita est Wagris), så att den kan

---

[1] *Günther,* Adam v. Br. s. 32. Däremot är jag fullkomligt ense med denne författare därom, att det »åtminstone är mycket tvifvelaktigt, huruvida Adam haft kunskap om Ottars kringsegling af Nordkap».

[2] *Adam* IV c. 13; skol. 15, 18; *Nestor* c. 3; *Schafarik* II 380 ff. Namnet kommer af po, vid, och morje, haf, och betecknade sålunda kustbor. Se *Herbords* Vita Ottonis II c. 1. Flere orter i Pommern omtalas före Adam, så t. ex. hos *Thietmar* (IV c. 28; VII c. 52) det vid hafvet belägna (salsa) biskopssätet *Cholberg,* hvars biskop då var Reinbern, som ej blott uppbränt afgudabilderna i landet, utan äfven renat det af dämoner bebodda hafvet, i det att han i detsamma utkastat fyra med helig olja begjutna stenar.

ses ifrån Aldenburg[1]. Denna ö, i hvilka åtskilliga forskare trott sig igenkänna den af Tacitus omtalade Nerthusön, beboddes på Adams tid af slaver, enligt Schafarik af Vagrisk stam, hvilka voro fruktade som grymma sjöröfvare[2].

Så var äfven förhållandet med innevånarne på den andra ön *Reune insula,* Rügen. Denna ö, som också af åtskilliga förmodats vara identisk med Nerthusön, omtalas under Medeltiden första gången i en urkund af år 946. Sedan omtalas Ruanerna af Widukind och andra som ett mycket tappert mäktigt folk. Så äfven hos Adam[3]. Ranerna eller Runerna, hvilka innehafva den midt emot Wilzernas land ej långt ifrån staden Jumne och nära intill floden Peene belägna ön Reune, äro, säger han, det tappraste folket bland slaverna. De äro också de enda, som styras af en konung, och det är faststäldt (lex est), att intet utan inhämtande af deras mening får företagas i offentliga angelägenheter (de publicis rebus). Förhållandet var nämligen det, att Rugierna, hvilka en tid lydt under danskarnes välde[4], under sin konung Kruto eller Kruko i senare hälften af 1000-talet blifvit det mäktigaste af de vendiska folken och såväl Obotriterna som Wilzerna hade underkastat sig denne konungs öfvervälde och erhöllo af honom hjälp såväl mot danskarne som mot saxarna. Enligt

---

[1] Femern (femorje, i hafvet) lades af Harald Blåtand till Danmark och kom att lyda under Odense stift. *Jörgensen* 237. — Afståndet mellan Oldenburg och Fehmern är knappa två mil.

[2] *Schafarik* II 589. *Adam* IV c. 18. »Båda dessa öar (Fehmern och Rügen) äro uppfyllda af de grymmaste sjöröfvare. De skona ingen förbifarande och döda alla, som andra bruka sälja till slafvar.» — Deras sjöröfverier voro sålunda ej, som eljes var vanligt, hufvudsakligen riktade på att röfva slafvar. Till stor del var det hämdetåg mot danskarne.

[3] *Schafarik* II 573 (mare Rugianorum). — *Widukind* III c. 54. — *Adam* IV c. 18, skol. 117; II c. 19.

[4] Jfr *Langebek* S. R. D. II s. 156. *Barthold,* Rügen u. Pommern s. 391. *Giesebrecht,* Wend. Gesch. II 108 ff. Att Cruto var från Rügen har man betviflat. Adams ord synas mig emellertid otvifvelaktigt visa detta. Se dock *Fock,* Rügensch-Pommersche Gesch. s. 4.

Adams framställning berodde Rugiernas inflytande till en
väsentlig del på deras ifriga afgudadyrkan. »Ty», säger
han, »till den grad fruktas de på grund af sitt för-
troliga umgänge (familiaritas) med gudarne eller rättare
djäflarne, (dæmones), som de dyrka med vidlyftigare cere-
monier (majori cultu) än de öfriga folken.» I själfva verket
stod det vid Gottskalks död 1066 uppflammande national-
hatet mot saxarne i det närmaste samband med en hednisk
reaktion gent emot kristendomen. Under inflytande häraf
torde också den ledande stammens förnämsta helgedom, det
ryktbara Arkona på Rügen, den fyrhöfdade Svantovits tempel,
hafva vunnit sitt stora anseende bland Venderna, och då
ungefär samtidigt det Rethariska förbundet förlorade i bety-
delse bredvid det nya förbund, som leddes af Rugierna, fördunk-
lade snart Arkonatemplet Rethrehelgedomens urgamla glans [1].

Den tredje af de intill Slavernas land liggande öarne
är *Semland* (illa quæ Semland dicitur), hvilken ligger intill
Ryssarnes och Polanernas land (contigua Ruzzis et Polanis).
Den bebos, säger Adam [2], af Sembi eller Pruzzi, mycket
menniskovänliga menniskor, som alltid pläga skynda till deras
hjälp, som äro i fara på hafvet eller hotas af sjöröfvare. På
guld och silfver sätta de föga värde, men hafva öfverflöd
på utländskt pelsverk, hvars lukt i vår värld infört hög-
modets dödsbringande gift. Dessa däremot sätta på detta
intet värde, som det synes mig, till vår förödmjukelse, vi
som anstränga oss att med rätt eller orätt förvärfva en herme-
linsklädnad (vestem marturinam), såsom om det vore den
största lycka. Dessa däremot gifva oss sådana dyrbara
pelsverk i utbyte mot klädnader af linne, som vi kalla

[1] Jfr *Adam* III c. 49 ff. — Förmodligen sjönk Rethrehelgedomens
anseende mycket genom biskop Burchards af Halberstadt krigståg 1068.
Han framträngde härjande dit och bortförde ur helgedomen den heliga
hästen, på hvilken han under återresan till Saxen red. *Bertholds* Chron.
1067. *Annal. August.* 1068.

[2] *Adam* IV c. 18.

faldone¹. — Om detta folks seder kunde man säga ännu mycket mera lofvärdt, om de blott hade tron på Kristus. Men hans förkunnare förfölja de med stor vildhet. Ända till denna dag förvägras den, som reser bland dem, ehuru de eljes ej sky gemensamhet med de våra, endast tillträde till deras lundar och källor, emedan de tro, att dessa orenas genom besök af de kristna. De använda kött af hästar (jumentorum) till föda och deras mjölk och blod som dryck, och det säges, att de af denna skola berusa sig. — För öfrigt vilja de, skyddade som de äro bakom sina otillgängliga träsk, ej tåla någon herre ibland sig.

Vid denna Adams skildring af preussarne och deras land skola vi nu något stanna. Som vi ur det föregående påminna oss, omtalas de preussisk-litthauiska folken vid sydöstra Östersjökusten mycket tidigt under namnet Aestier eller Ester. För att ej nämna Pyteas Ostiäer, som ehuru säkerligen med orätt med dessa identifierats, omtalas de af Tacitus under namnet Aestii och sedermera gång efter annan under detta namn. Så omtalas hos Einhard Haisti, och ännu vid slutet af det nionde århundradet känner ej Wulfstan på preussarna något annat namn än Ester. Det inhemska namnet Pruzas, Prusai möta vi emellertid i detta samma århundrade för första gången, så vidt jag kunnat finna, hos den bajerske geografen² och sedermera i juden Ibrahims reseberättelse. Efter denna tid blir detta namn i litteraturen

¹ Texten har laneis, hvilket dock torde böra vara lineis, då här säkerligen är fråga om linnetyg. Jfr *Blume*, Quellensätze zur Geschichte Unseres Volkes II 209. Jag vill här erinra om Ibrahims och Helmolds (I c. 38) berättelser, enligt hvilka linnetyg synes ha varit ett slags gångbart mynt ibland slaverna. — *Faldon* = tyg; t. falten, veck. *Graff*, altd. Sprachschatz III 514. *Lappenberg*, not.

² Således ej som *Müllenhoff* II s. 14 menar, först i Adalberts Vitæ. Om namnet Preussare se *Schafarik* II s. 641. Müllenhoff anser, som det synes med orätt, namnet ej vara inhemskt utan slaviskt. — Huruvida Ptolemæi Phrugundioner äro identiska med Preussarne, synes mig mycket problematiskt. (*Schafarik* II 643. *Müllenhoff* II 30).

vanligt. Så förekommer det hos Thietmar [1], i biskop Adalberts af Prag lefvernesbeskrifningar och hos Adam. Hos denne förekommer visserligen också namnet Estland, ehuru i en alldeles ny betydelse. Det betecknar ej längre preussarnes utan de finska Esternas land.

Något särskildt namn på det af preussarne bebodda landet förekommer ej hos den bajerske geografen, som blott om deras land säger, att det på alla håll har större utsträckning än afståndet är mellan Enns och Rhen [2]. Wulfstan ger, som vi hafva sett, åt den intill Weichsel liggande delen af landet namnet Witland, men hos Adam förekommer ej detta utan i stället namnet Semland (Samland). Enligt hans uppfattning är detta, som vi sett, en ö, hvilket så till vida är riktigt, som Samland genom Pregel och Deime på alla håll omslutes af vatten. Och att Adam ej ansåg preussarnes land vara en ö i egentlig mening, framgår af hans ord med ganska stor tydlighet [3]. Huruvida Adam kallar hela eller blott en del af det af preussarne bebodda landet för Semland, framgår däremot ej fullt tydligt. Uttrycket Sembi *vel* Pruzzi synes tala för det förra.

Hvad i öfrigt beträffar Adams skildring af preussarne må påpekas, att han — tvärt emot Günthers mening — i likhet med såväl de antika författarne som Wulfstan och Ibrahim bestämdt skiljer mellan Preussarne och slaverna [4].

Om de förra har Adam mycket bättre tankar än om de senare, hvilket väl bland annat beror på, att saxarne med dem endast stått i fredlig beröring. Som vi se bland annat af Wulfstans reseberättelse, hade redan länge handelsför-

---

[1] *Thietmar* IV c. 19, VI c. 58. *Johannes Canaparius*, Vita Adalberti c. 27: Pruzi, hvilkas gud är buken.
[2] Bruzi plus est undique quam de Enisa ad Rhenum.»
[3] *Adam*, skol. 15; II c. 19.
[4] *Günther*, Adam v. Br. s. 21 n. 1. — *Adam* II 18 räknar Polanernas men ej preussarnes land till Sclavania i vidsträckt mening. *Adam* I c. 62 talar om Sclavorum ac Semborum naves.

bindelser med preussarne egt rum, och på Adams tid synes handelñ hafva varit mycket liflig. De bytesvaror, som Adam omtalar, voro å saxarnes sida linnetyg och å preussarnes pelsverk, sannolikt förekom äfven vax, honung och fisk, hvilket senare jämväl var en af slavernas viktigare export-artiklar[1]. — Handeln var helt och hållet byteshandel, då preussarne ej voro begärliga efter ädla metaller[2], hvilket vittnar om deras föga utvecklade kultur. Det är för öfrigt af intresse att jämföra Adams skildring af preussarne med Wulfstans. Wulfstan berättar nämligen om många städer (burh), som alla styras af en konung, omtalar en rik adel jämte de fattige och trälarne. Ehuruväl t. ex. uttrycket städer ej får fattas så bokstafligt, tyder denna berättelse på andra samfundsförhållanden än de, som Ibrahims och Adams skildringar synas förutsätta. Här synas nämligen samfunds-förhållanden varit mycket upplösta. Man torde ej misstaga sig, om man antager, att de täta anfallen af skandinaviska vikingar, hvarom Ibrahim berättar, till detta förhållande ut-gjort en bidragande orsak[3]. — Preussarnes stora hjälpsamhet mot dem som råkat ut för sjöröfvare, berodde väl äfven på nödvändigheten att skydda sig själfva mot denna landsplåga, för hvilken de voro så svårt utsatta. Aestierna skildras för öfrigt af nästan alla författare som ett mycket freds-älskande folk.

Bruket att dricka stomjölk omtalas jämväl af Wulfstan[4], som säger, att denna dryck användes af konungen och de rika-ste männen under det att de fattige och trälarne drucke mjöd.

---

[1] Se *Wulfstans* reseberättelse (Porthan s. 99) och *Herbord*, Ottos af Bamberg lefverne II c. 41.

[2] Se ofvan 5. Mynt brukade Liutizerna redan under Ottonerna, och på Otto af Bambergs tid omtalas sådant hos Pomrarne. Det var ej inhemskt utan saxiskt eller polskt.

[3] »Ofta komma, säger denne, vesterifrån ryssarne öfver hafvet för att plundra deras land.» — Om danskarnes krigståg till Samland under Harald Blåtand berättas utförligt af *Saxo*.

[4] *Porthan* s. 100. Däremot ej hos Ibrahim.

Om preussarnes utseende berättar Adam, att de hafva rödlett hy (facie rubea) och långt hår (criniti) samt äro *cerulei*. Det är ej lätt att med bestämdhet afgöra, hvad Adam med detta uttryck afser. Närmast till hands ligger det väl att antaga, att han här kommit in på fablernas område, men då han tillika tillägger preussarne rödlett hy är det sannolikare, att han blott åsyftar deras blå ögon[1].

Längst i öster vid slutet af den baltiska hafsviken ligger *Ruzzia* eller *Græcia*, hvilka namn af Adam omvexlando användas om det ryska riket, det längst bort belägna och största af de slaviska länderna (ultima vel maxima Winulorum provintia). Att Adam om Ryssland och Ryssarne använder namnet Græcia och Græci, har man ansett bero därpå, att de tillhörde den grekiska kyrkan, hvars medlemmar under Medeltiden likaväl som nu plägade kallas greker[2]. Sannolikare är emellertid, att saken beror på en annan omständighet, i det att namnen Gardariki och Grikland eller Girkland och ännu mera adjektiven gerdskr och griskr förvexlades, hvilket gick så mycket lättare, som länderna lågo åt samma håll. I de nordiska sagorna kallas därföre ofta de som blott besökt Gardarike för Greklandsfarare. Säkerligen har Adam sålunda från skandinaverna fått detta namn Græcia, som han om Ryssland använder[3].

---

[1] En sådan användning af epitetet ceruleus är för öfrigt ej heller för det klassiska latinet främmande. Hor. Epod. 16: 7. Martialis 11, 54.

[2] *Adam* (III c. 26) använder också stundom greker i denna bemärkelse. Så gör äfven t. ex. förf. af Eulogium Historiarum omkring 1366, som talar om »grekernas kult, hvilken föga skiljer sig från judarnes, hvarför apostelen säger: 'Här är ingen åtskilnad mellan jude och grek!» Scriptores rer. Britt. 9, II s. 41. Man har trott, att Adam med Græcia menar det grekiska riket och därför slutit af Ad. IV c. 15 till en vattenförbindelse mellan Östersjön och Svarta Hafvet. — *Kretschmer*, Die Entdeckung Amerikas s. 84.

[3] Jfr *Schafarik* II 96. *Heyd*, Gesch. des Levantehandels I 84. *Thomsen*, Ryska Rikets grundläggning s. 76. Namnet Græcia användes naturligtvis af Adam *också* om det byzantinska riket. *Adam* III c. 31.

Det andra namnet Ruzzia och Ruzzi [1] är hos Adam redan *uteslutande* fäst vid det stora slaviska riket i öster och brukas hos honom sålunda *aldrig om skandinaverna*. Om dessa användes namnet *rûs*, som vi hafva sett, ännu af juden Ibrahim, som dock äfven omtalar *andra rûs* såsom ett från *norden invandradt, med slaverna uppblandadt och slaviskt språk talande folk,* som bodde öster om det polska riket [2]. I förbigående må anmärkas, att det vill synas, som man i allmänhet förlade den svenska kolonisationen af de slaviska länderna i sydost till en alltför sen tid. Ibrahim omtalar dem redan, som nyss nämts, som slaviserade och redan omkring 100 år förut omtalas de af den bajerske geografen som ett i dessa trakter bofast folk, hvilket sannolikt ej skulle skett, om de tämligen nyss dit invandrat. Att rus redan långt före 860-talet här slagit sig ned framgår för öfrigt af den äldre ryska krönikan, den s. k. Nestors krönika, som omtalar att de (859) upptogo skatt ej blott af tschuder och slaver utan äfven af Merja, Wesser och Krivitscher, och således voro herrar ej blott öfver kusten utan äfven öfver det inre landet. Att svenskarnes herravälde i dessa trakter varit mycket gammalt, synes äfven framgå af Ansgarii Vita [3].

Adam omtalar i Ruzzia tvänne städer, *Ostrogard* och *Cuive*. Denna senare stad (Kiew) omtalas, för så vidt jag kunnat finna, första gången i den vesterländska litteraturen hos Thietmar af Merseburg (Cuiewa och Kitava). Han beskrifver den [4] som en väl befästad, stor och rik stad. Den har åtta torg och ej mindre än 400 kyrkor, af hvilka två, nämligen Sofia- och Klemens-kyrkorna särskildt nämnas. Innevånarne

---

[1] Namnet rus förekommer i Vesterlandet först i den bekanta berättelsen i *Annales Bertiniani* (839). *Kunik* tror, att de här omtalade Sueonerna ej voro från Skandinavien utan redan bosatta vid södra Östersjökusten. *Wattenbach*, Deutschl. Gesch.quellen II 507.

[2] *Wigger*, Mekl. Jahrb. 45, s. 14, 17 ff.

[3] *Ansg. Vita* c. 30.

[4] *Thietmar* VII c. 52 VIII c. 16.

i staden liksom i det omgifvande landskapet bestå enligt
Thietmar till största delen af [för petjenegerna] flyende slaver
och snabbfotade *daner*, ännu ett bevis för ryssarnes skan-
dinaviska härstamning.

Om Kiew berättar Adam [1] endast i likhet med Thietmar
att det är Ruzzias hufvudstad (metropolis) samt tillägger, att
det är Konstantinopels medtäflerska och Græcias härligaste
prydnad (æmula sceptri Constantinopolitani, clarissimum decus
Græciæ).

Namnet Kænugardr eller Cunigard, som ej blott Kiew
utan äfven enligt Schafarik [2] hela den kringliggande trakten
kallades, förekommer äfven hos Adam under formen Cunn-
gard, men såsom ett namn på hela Ruzziariket. Det kallades
så, säger han, emedan Kiev förut var Hunnernas boningsplats,
en etymologi som Schafarik, i betraktande af den gängse
förvexlingen af hunner och slaver, hvarom vi nedan få tala,
anser ej vara osannolik [3].

Den andra staden i Ruzzia, som Adam omtalar, är Ostro-
gard, hvarmed säkerligen menas Novgorod, det nordiska
Holmgård [4]. Som af Adams ord framgår, var staden redan
nu en synnerligen betydlig handelsstad med förbindelser
med alla kring Östersjön liggande länder. Så omtalar han [5]
att seglingen mellan Ruzzia och Birca kräfde en tid af fem
dagar, vidare att handelsförbindelser rådde emellan Ostro-
gard och Dania, hvarvid, som vi hafva sett, ön Bornholm
för Ruzziafararne var en mycket besökt station. Slutligen
omnämner Adam handelsförbindelserna med Jumne och öfver

---

[1] Adam II c. 19.

[2] *Schafarik* II s. 94. Hos *Saxo* (ed. Holder s. 159) möta vi namn-
formen Cønogardie.

[3] *Adam* skol. 116. (Ruzzia) kallas äfven Chungard emedan här
först var Hunnernas boningsplatser.

[4] *Adam* II c. 19; IV c. 11. *Schafarik* (II 94) anser däremot
Ostrogard vara det gamla Ostrow i Welikafloden.

[5] *Adam* skol. 121.

denna stad med Saxonia, hvilket bör ihågkommas, då det synes bevisa, att redan vid denna tid tyska köpmän egde förbindelser med och som det vill synas äfven själfva besökte Ostrogard. Färden mellan Hamburg och Ostrogard gick på den jämförelsevis korta tiden af tre veckor[1].

Det vill af Adams ord synas, som om han tänkte sig Ostrogard såsom en vid Östersjön liggande sjöstad, hvilket ju lätt kunde ske, då han hört att fartygen gingo ända upp till staden[2]. Detta var väl ock en orsak till att han tydligen tänkte sig Östersjön gående mycket längre mot öster än den i själfva verket gör, så att han till och med, som vi senare få se, uppfattade Estland och Kurland som af dess vatten omslutna öar. Om dess utsträckning mot norr genom den Bottniska viken synes Adam däremot ej haft någon aning[3], då han som vi påpekat, tänkte sig den norra kusten af Östersjön gående hufvudsakligen i vest-ostlig riktning.

Mellan kvinnornas land — till hvilket vi senare skola återkomma — och Ruzziariket omtalar Adam[4] som nämdt fem folk, nämligen Wizzi, Mirri, Lami, Scuti och Turci, vid hvika vi ett ögonblick skola stanna.

Hvad då först angår de förstnämda, *Wizzi*, omtalas de af Adam äfven i kap. 19: Där (d. v. s. i trakterna af det baltiska hafvet) finnas också, säger han, de så kallade Alani eller Albani, hvilka på sitt eget språk kallas Wizzi, de blodtör-

---

[1] Adam känner äfven Ostrogard som namn på hela Ryssland. Han säger nämligen (skol. 116): »Ruzzia kallas af de barbariska danskarne för Ostrogard, emedan det är beläget i öster och likasom en väl vattnad trädgård har öfverflöd på allt godt.» — Om Rysslands rikedomar förtäljer *Thietmar* VIII c. 16, *Lambert* af Hersfeld vid år 1075, m. fl.

[2] Se ofvan angående Aldinburg och Dymine.

[3] Man har ansett att Ganuz Wolfs ofvan omtalade färd skulle skett uppåt Bottniska viken. Detta är emellertid högst tvifvelaktigt. Det vill synas, som om denna resa endast i Adams föreställning varit en misslyckad *upptäckts*resa. Sannolikt var den företagen i annat syfte.

[4] *Adam* IV c. 14, 19; Skol. 120, som tydligen ej härrör från Adam, har förblandat Wizzerna med Vilzerna. Dessa senare beskyllas äfven af *Notker Labeo* för antropofagi. Mon. Germ. II 138 n. 75.

stigaste ambroner[1]; de födas med grå hår; de omtalas af
Solinus. Deras land försvaras af hundar, och då de skola
strida, bilda de af dessa en slagtordning.» Det är klart, att
identifieringen af Wizzerna med Albanerna beror endast på ett af
namnens betydelse föranledt antagande af Adam, hvilket är
så mycket mera förklarligt, som dessa senare genom den
ofvan omtalade sammanblandningen af Östersjön och de
Meotiska träsken voro att söka nordost om Östersjön. Något
annat samband mellan Alaner och Wizzer förefinnes ej[2].
Hvar de senare skola sökas är omtvistadt. Man har satt deras
namn i samband med det af Wulfstan omtalade Witland i
Preussen, och till denna åsikt ansluta sig Lappenberg och
Wattenbach. Häremot må emellertid påminnas, att Adam icke
känner till namnet Witland, och att några Wizzi i dessa
trakter ej någonstädes omtalas. Vidare förlägger Adam Wiz-
zerna ej på den södra utan på den *norra* sidan af Östersjön.
Vi hafva således att söka dem på andra sidan om Ruzzia-
riket, och här finna vi också ett folk med detta namn. Redan
Jordanes[3] omtalar i dessa trakter ett folk Vasina, hos ara-
biska författare[4] omnämnes här folket Wisu eller Wischu,
och Nestor[5] omtalar flerstädes en folkstam, som han kallar
Ves. Det är de finska Vesserna eller Vepserna i trakten
omkring Bjelo-Osero, och det är på detta folk Adam, såsom
redan Müllenhoff påpekat[6], här syftar.

---

[1] Ambronerna omtalas bl. a. af *Orosius* (V c. 16). De voro ett
cimbrerna och tentonerna åtföljande folk, hvars grymma härjningar blefvo
ett ordspråk, så att romarne sedermera gåfvo namnet ambroner åt men-
niskor, som förde ett skamligt lefnadssätt. Se *Pauly-Wissowa* Real-
Encycl. Ambrones. — Äfven på andra ställen får man se Ambroner
användt som ett slags skällsord, så hos *Siegebert* af Gembloux.

[2] Att Adam anser Albaner och Alaner identiska är emellertid
ursäktligt, då dessa folk under Medeltiden oupphörligt förblandades.

[3] *Jordanes* Getica c. XXIII.

[4] *Frähn*, Ibn Foszlan 206 ff.

[5] *Nestor* c. 1, 7, 15, 18.

[6] *Müllenhoff*. D. A. V s. 310.

Mirri äro likaledes ett finskt folk, som jämväl under namnet Merens af Jordanes omtalas. Nestor kallar dem Merja. De bodde omkring Rostov och Suzdal[1].

Lami är däremot ett folknamn, som ej förekommer annorstädes än hos Adam. Sannolikt åsyftas emellertid härmed samma folk som flerstädes under namnet Jam eller Jem omtalas af Nestor och Suzdalskrönikan såsom boende öster eller nordost om Novgorod. De bodde äfven i södra delen af Finland[2].

Scuti äro säkerligen identiska med de hos Jordanes Thiudes, hos Nestor Tschuder benämda finska folkstammarne i nordvest om Ryssland. Särskildt brukar med detta namn afses Esterna[3].

Beträffande *Turci* påminner Zeuss[4] om staden Åbos finska namn Turku, och vill sålunda i sydvestra Finland söka detta folk. Förutom att denna hypotes helt och hållet beror på författarens okunnighet om namnet Turkus betydelse[5] är det emellertid att märka, att Adams Turci omöjligen i dessa trakter kunna sökas. Som med tydlighet framgår af skol. 118, voro dessa nämligen ett nära intill Ryssarne lefvande nomadiserande steppfolk[6] och måste sålunda sökas mycket längre söderut. I själfva verket finna vi också i

---

[1] *Jordanes* ibid. *Nestor* c. 7, 14, 15, 18, 21.

[2] *Nestor* I, VII. *Munch.* Det norske folks Hist. IV, I s. 100. De omtalas äfven af Stephan från Byzantium (omkr. 500).

[3] *Jordanes* ibid, *Nestor* ibid. — Tschuder kalla nordslaverna alla folk af uralaltaisk härkomst, särskildt finnarne. Enligt *Schafarik* (I 286) ha grekerna härifrån fått namnet skyter.

Ett folk Scutici omtalas visserligen också af Thietmar af Merseburg III c. 9, VII c. 16, men härpå kan Adam naturligen ej här syfta.

[4] *Zeuss* Die Deutschen s. 689.

[5] Turku är nämligen det litth. ordet turgus (sv. torg) *Ahlquist*, De vestfinska språkens kulturord 164, 65.

[6] Efter att hafva anfört Horatii ord (Od III 24) om Skyterna och Geterna tillägger här Adam: och ända intill denna dag lefva på detta sätt *Turci*, som bo nära intill Ryssarne.

ryska källor ett folk, Torks, som första gången omtalas vid
år 985 såsom Wladimirs bundsförvandter mot Bulgarerna.
Sedermera omnämnes detta folk ofta. Det var ett nomad-
folk, som ströfvade omkring i trakterna vid nedre Dnieper,
och det är säkerligen detta, som Adam här åsyftar[1].

De fem folk, som Adam här uppräknar, äro sålunda
allesammans mera betydande, i nuvarande Ryssland boende
stammar, som i hufvudsak äro att söka i samma ordning
från norr till söder, som Adam uppräknar dem, om man
undantager, att Lami, för så vidt de äro identiska med Je-
merna, skulle hafva nämts förut[2].

Hvad angår öfriga länder i sydost nämnas de endast i
förbigående af Adam. Han omtalar emellertid ännu trenne
slaviska folk på andra sidan om Oder, nämligen Polani,
Boemanni och Marahi. Af dessa bo *Polani* närmast öster
om Pomrarne. Deras land, *Polania*, är mycket stort och
gränsar i öster till Ruzzia; på de andra hållen, det vill säga
i norr och söder, omgifves det af Pruzzi och Behemi[3].

Dessa senare, *Behemi* eller Boemani, böhmarne, bo
således söder om Polanerna omkring floden Elbes öfre lopp.
Några orter i deras land, Bohemia, omtalar Adam lika litet
som i Polen. Skol. 22, där Böhmens hufvudstad, den vik-

---

[1] *Nestor* XL. Jfr *Schafarik* II 87, 104. Det är att märka, att
såväl Ibrahim som Konstantin Porphyrogennetos gifver namnet turkar åt
ungrarne. Så gör äfven *Liutprand*, Antapodoseos II c. 4. — Otänkbart är
ej, att Adam, som *Günther* (s. 41) synes tro, med Turci menar de
turkiska folken i Syd-Ryssland öfver hufvud, således petjeneger, polovtzer
m. fl. Dock må påpekas, att Adam särskildt omtalar petjenegerna, och
att *Nestor alltid använder namnet om en bestämd folkstam.*

Jag vill erinra om att namnet Turchi förekommer på den ofvan
omtalade anglosaxiska verldskartan som ett långt i nordvästra Europa
boende folk. Se ofvan s. 17.

[2] Beträffande de ifrågavarande folken vet *Bernard* (s. 89), att »Wizzi,
Mirri, Scuti, Lami et Turci deformata nomina esse videntur Finnorum
populorum, qui ad ripam orientalem Baltici sinus degebant».

[3] *Adam* II c. 18, 19, skol. 15, 18, 25; III c. 25, IV c. 13, 18.

tiga gamla handelsstaden Prag nämnes, är nämligen ett tillägg af en senare hand.

Öster om Böhmarnes land omtalas slutligen *Marahi*, Mährerna, inom hvilkas land floden Elbe, som vi ofvan sett, upprinner i en djup skogssträckning. Likasom Böhmarne ha Maraherna i norr Polanernas och Pomeranernas länder; i söder åter gränsa de till tvänne folk af främmande stam, Ungri och Pescinagi.

Af dessa omtalas *Ungrarne* hos Adam ofta och ständigt under detta namn. Namnet Turkar[1] eller Hunner, som eljes i den medeltida litteraturen om detta folk användes, förekommer aldrig hos Adam i denna bemärkelse.

Pecinagi omtalas hos Adam endast en gång. De äro mycket blodtörstiga och äta menniskokött. Pecinagi äro naturligtvis petjenegerna, som redan hos Thietmar[2] omtalas under namn af Pedeneer, Petineer och Pecineger.

VIII.

Sueonia, Norvegia och kringliggande länder; Scritefinni, terra feminarum m. m.

Vi skola nu öfvargå till Adams skildring af den skandinaviska halfön och de på densamma boende folken. »Då man, säger Adam, kommit förbi danskarnes öar, öppnar sig en annan verld inåt Sueonia och Nordmannia, tvänne vidsträckta nordiska länder, som för vår verld hittills varit nästan okända. Hvad deras storlek beträffar, anför han

---

[1] Se ofvan s. 113 n. 1. *Herbord* Vita Ottonis I c. 37. Namnet Hunner ha ungrarne ärft efter Avarerna. Se *Gregor. Tur.* IV c. 23 ff.
[2] *Thietmar* VI c. 55. VIII c. 16.

konung Svens vittnesbörd, att Nordmannia med svårighet kan genomresas på en, och Sueonia knappast på två månader[1].» Innan vi följa Adam på den mera detaljerade framställningen af de båda nordiska länderna, torde det emellertid ännu en gång förtjäna påpekas, att han tänkte sig den skandinaviska halfön såsom en mycket stor, *ifrån öster mot vester* utskjutande halfö, hvars vestligaste del omfattade Nordmannia. Öster därom låg Sueonia utefter norra kusten af det baltiska hafvet.

Det namn, som Adam ger åt svenskarnes land, är som nämdt Sueonia eller Suevonia och ibland Suedia[2]. Det är enligt hans åsikt samma land, som de gamla kallade Suevia, ett misstag som naturligtvis helt och hållet beror på namnlikheten och är så-mycket mera ursäktligt, som äfven nyare författare begå detsamma[3]. Men äfven till en ännu svårare förvexling gör sig Adam skyldig, i det han identifierar Sueonia med de gamles Skytien[4]. Redan hos geografen från Ravenna förekommer detta misstag[5] och återfinnes sedermera hos andra senare författare[6]. Hos Adam synes det hufvudsakligen bero på den ofvannämda olyckliga identifieringen af Östersjön med de meotiska träsken, i följd hvaraf natur-

---

[1] *Adam* IV c. 21: Danskarnes konung har för mig omtalat, att Nordmannia knappast kan öfverfaras på en månad, under det att Sveonia med svårighet kan genomfaras på två. Detta hade han själf erfarit, då han för ej länge sedan i tolf år gjort krigstjänst under konung Jakob i dessa trakter.

[2] På ett ställe förekommer äfven formen Suigia. *Adam* III c. 24.

[3] *Adam* IV c. 21: De Sueonia vero non tacent antiqui auctores Solinus et Orosius, qui dicunt plurimam partem Germaniæ Suevos tenere». Se ofvan sid 21.

[4] *Adam* I c. 64; II c. 1. — Se *Geijer*, Svea Rikes Häfder s. 100 ff.

[5] *Ravennageografen* c. 12: Scythia, quam Jordanus Scanzan appellat; s. 421: insula, quæ dicitur Scanza, quæ et antiqua Scythia a plurimis cosmographis appellatur.

[6] Scythia inferior omtalas som Normannernas hemland *Langebek* S. R. D. II s. 10. Se ock nedan kap. 10.

ligen Skytien kom att förläggas norr om det baltiska hafvet. För öfrigt vill det synas, som om Adam tänkte sig det egentliga Skytien såsom liggande öster om Sueonia. Begreppet Skytien är emellertid hos Adam mycket sväfvande, och han synes stundom i likhet med åtskilliga grekiska författare ibland använda namnet om ryssarne[1].

Sueonia, som på flere håll omslutes af höga berg, har, säger Adam[2], i vester det af de så kallade vestgoterna (Gothi, qui occidentales dicuntur) bebodda Westragothia, i norr Wermilani och Scritfinni, i söder hela sträckningen af det baltiska hafvet (longitudinem Baltici maris), utefter hvilket landskapet Ostrogothia sträcker sig ända till Birca.

Bland de svenska landskapen ligger Gothia occidentalis eller Westragothia[3] närmast intill danskarnes land. Det gränsar nämligen intill det danska landskap, som kallas Sconia, hvadan Adam sålunda här, som vi förut hafva sett, till Skåne räknar jämväl Halland. I Westragothia ligger göternas stora stad Skarane (Skara)[4], sätet för biskopen öfver Skara stift. Den låg på ett afstånd af sju dagsresor från Skåne.

Westragothia var äfven gränslandskap mot Nordmannia. Gränsen mot detta land gick utefter floden Gothelba (Göta Elf)[5], som upprinner på de Ripheiska bergen och därpå under sin färd till oceanen genomflyter göternas land, efter hvilka den ock erhållit sitt namn. På grund af sin föreställning om svevernas och sveonernas identitet antager Adam utan

---

[1] Jfr Skol. 119. »Då den svenske konungen Emund sändt sin son Anund för att utbreda hans rike i Skytien, kom denne till sjös till kvinnornas land.» — Adam I c. 62, III c. 12, skol. 125.

[2] Adam IV c. 21, 23, 25.

[3] Adam ibid; II c. 56.

[4] »Skara in Dalsland sive Skaraborg» upplyser Lappenberg. — Formen Scarane, som Adam använder, torde bero på ett »at skarinu, ligesom de gamle svenske kilder har Skarum, (ved skaret, skarene)» Jörgensen262.

[5] Adam II c. 56, IV c. 21 skol. 126.

vidare, att Gothelba är den af de gamle omtalade floden
Albis. Då han emellertid förut gjort .samma antagande
beträffande floden Elbe, vill han i skol. 126 härleda Goth-
elbas namn från denna senare flod, med hvilken den i
storlek är jämlik (non impar).

På gränsen mellan Sueonia och Normannia bo enligt
Adam jämväl de ofvannämda *Wermilani* eller Wärmlän-
dingarne[1], samt *Finnedi*. Hvad dessa senare angår, begår
Adam säkerligen ett misstag, då han förlägger dem på grän-
sen mot Norge. Finnedi äro tydligen icke annat än inne-
vånarne i Finnveden i vestra Småland och således att söka
vid gränsen mot *Danmark*. Alldeles omöjligt synes det
dock ej vara, att Adam kan afse någon del af Wärmland,
där Edsnamnet, som bekant, ofta förekommer. — Wärmlän-
dingarne, som enligt Adam bo i norra delen af Sueonia, äro
i likhet med Finnederna och andra mot den norska gränsen
boende folk allesammans kristna och höra till Skara biskops-
döme (respitiunt ad Scaranensem ecclesiam)[2].

Öster om Westragothia ligger landskapet *Ostrogothia*
utefter det baltiska hafvet. Enligt Adam skall det sträcka
sig utmed detta haf österut ända till Birca, hvadan sålunda
äfven Södermanland af honom räknas till Östergötland. —
Östgötarne äro det andra af de tvänne berömda götafolken
och i likhet med Vestgötarne kristnade[3].

Några orter i det egentliga Östergötland omtalas ej af
Adam. Däremot förekommer hos honom först staden *Telgæ*
(Södertelge), öfver hvilken man färdades då man skulle land-
vägen begifva sig till Birca[4].

---

[1] »Wärmeland in provincia Suecica Karlstad» upplyser *Lappenberg*.
[2] *Adam* IV c. 25, 24.
[3] *Adam* IV c. 23; 14; II c. 56: Ille vir [Thurgot] duos nobiles
populos Gothorum suo labore Christo lucratus est.
[4] *Adam* IV c. 28. Äfven Östgötarno lydde först under Skarabiskopen.
Jfr skol. 94: Adalwardus senior utrique prefectus est Gothiæ.» *Reuter-
dahl* Sv. K. Hist. I 398 anm. *Jörgensen*. s. 456 ff.

118

Med undantag af Finnveden omtalas *Småland* icke af Adam, utan han låter de båda Götalandskapen omedelbart följa efter det danska landskapet Sconia. Säkerligen är det emellertid på det småländska höglandet han syftar i IV c. 7, då han talar om de djupa skogar och branta berg, som ligga emellan Sconia och Gothia.

Påfallande är, att man ingenstädes hos Adam finner någon antydan om de stora svenska innanhafven i Götaland, om hvilka redan Jordanes talar, och hvilka sannolikt åsyftas med de »interjacentia maria», som i Ansgarii Vita omtalas[1]. Möjligen hafva dock berättelser om de många vattnen i Sverige i sin mon bidragit till Adams allmänna yttrande, att alla dessa länder till stor del bestå af öar[2].

De hittills omtalade landskapen räknar Adam till Gothia, som omfattar den Dania närmast liggande hälften af Sueonia och som vi nyss sett, mot öster sträcker sig ända bort till Birca. Om dess storlek lemnar han oss äfven några upplysningar, då han omtalar, att färden ifrån Sconia öfver Scarane, Telgas och Birca till Sictona kräfver en hel månads tid. Färden till sjös från Sconia till Birca eller Sictona gick på en betydligt kortare tid. Denna kunde man nämligen göra på den korta tiden af fem dagar.

Om det egentliga Sueonias geografi lemnar oss Adam mycket sparsammare uppgifter, och han är här tydligen mycket mindre väl underrättad. Enligt hans uppfattning tyckes det hafva ungefär lika stor utsträckning som Gothia[3],

[1] Om *Jordanes* se ofvan. Ansg. Vita c. 25. Detta är dock mycket osäkert, då man ej vet, hvar Ansgarius öfverfölls af sjöröfvare. Då sannolikt färden ej gick kring Skagen utan öfver Slesvig och var afsedd att hela tiden gå till sjös, kan det svårligen hafva skett på vestkusten.

[2] Hos Adam är yttrandet dock snarare ett blott poetiskt uttryck och synnerligen passande att sätta i samband med profetens ord: »Hören, I öar» ... o. s. v. Vi erinra om att han mycket väl känner till Skandinaviens landsammanhang.

[3] *Adam* I c. 62 »Birca, in medio Suevoniæ positum». Jfr IV c. 21, 28. Såväl Gothia som Sveonia hade en utsträckning af 30 dagsresor.

till hvilket det i vester gränsar. I norr gränsar det till Wermilanerna och Skridfinnarne, om hvilka vi strax skola tala, och i öster sträcker det sig ända till kvinnornas land, där Adam förlägger de ripheiska bergen och åtskilliga andra från antiken hämtade namn[1]. I söder gränsar det i hela sin utsträckning till det Baltiska hafvet.

På gränsen mellan Gothia och Sueonia inskjuter enligt Adams åsikt från det Baltiska hafvet en mycket stor vik *mot norr*[2]. I denna vik, i hvilken vi igenkänna sjön Mälaren, låg den redan i Ansgarii Vita omtalade handelsstaden Birca, enligt Adam en göternas stad (oppidum Gothorum), hvilket ju har sin riktighet, om man som Adam af Bremen räknar Södermanland till Götalandskapen[3]. Den nyssnämda viken bildar här en hamn, som är synnerligen eftersökt af de barbariska folk, som bo omkring det Baltiska hafvet, men tillika i hög grad farlig för dem som äro oförsiktiga och obekanta med farvattnet. Ty Birkaborna, som ofta utsatts för anfall af sjöröfvare, hvaraf hafvet bär vimlar, bedraga, då de ej med vapen förmå motstå dessa, sina fiender med argan list (callida arte). De nedsänka nämligen i denna vik af det af sjöröfvare ofredade hafvet (maris impacati) på mer än hundra stadiers utsträckning dolda stenmassor och

---

[1] *Adam* IV c. 14, 24, 25.

[2] *Adam* 1 c. 62. Väderstrecket förklaras af att Adam ger svenska Östersjökusten vest-östlig sträckning.

[3] Beträffande Bircas läge torde efter de på Björkön gjorda gräfningarne icke vara något vidare att tillägga. Huru man förut så ihärdigt kunnat anse Birca vara identiskt med Sigtuna är förvånande, då Adam tydligen talar om två städer, af hvilka Birca ligger i *Södermanland* (oppidum Gothorum) *emellan* Telgæ och Sigtuna, hvilket synnerligen väl passar på Björkö. — Uttrycket »juxta enim sunt» (Ad. IV c. 28), som Geijer anser bevisande för de ifrågavarande städernas identitet, betecknar väl endast att de ligga lika långt in i Mälaren. — Geijer öfvergick dock senare, om jag minnes rätt, till den nu allmänt antagna åsikten om Bircas läge. — De ställen, där Birca omtalas, finnas till större delen samlade hos *Langebek* S. R. D. I 444.

120

göra sålunda farvattnet farligt både för sig själfva och för sjöröfvarne[1].

Till Bircas hamn, som är den säkraste utefter hela Svevonias kust, pläga, berättar Adam, för olika handelsändamål (pro diversis commerciorum necessitatibus) samlas en mängd fartyg ifrån Danernas och Nortmannernas såväl som från Slavernas och Sembernas land samt ifrån andra Skytiens folk», ett vittnesbörd om stadens vidsträckta handel, som genom de på Björkön gjorda fynden ha vunnit fullständig bekräftelse. Särskildt underrättar oss Adam om, att färden från Birca till Ruzzia gick på den jämförelsevis korta tiden af fem dagar, hvadan sålunda tydligen direkta handelsförbindelser egt rum mellan Birca och Novgorod. Det vill till och med synas, som om Birca varit en af de mest betydande stapelorterna på Rysslandshandeln och det är ej osannolikt att staden vid denna tid var den egentlige förmedlaren af den danska och norska handeln österut.

Men redan under Adams tid blef den rika staden, som i ett par hundra år varit Sveriges mest betydande handelsort, i grund förstörd, sannolikt af några roflystna vikingaskaror, som lockades af dess rikedom. Om tiden när det skedde veta vi intet. Adam berättar endast[2], att den nu är så platt ödelagd, att knappast några spår af staden voro kvar; man hade ej ens kunnat återfinna den helige ärkebiskop Unnis grafhög. Af hans ord kunde det emellertid tyckas, som om staden vid biskop Adalvards besök ännu funnits kvar, och detta är för öfrigt, vill det synas, en förutsättning för Adam, då han skref sin historia. Underrättelsen om dess förstöring synes han först senare hafva erhållit och då tillagt anmärkningen i det ifrågavarande skoliet. Stadens

[1] Tydligen tillspärrades sålunda ingången till Mälaren. Uttrycket »per centum et amplius stadia» (omkr. 2 mil) antyder väl att spärrningen skedde så långt från Birca och ej öfver ett så stort område.

[2] *Adam*, skol. 138. Om Adalwards besök i Birca och Sictona har Adam fått underrättelse af några följeslagare till denne.

förstöring skulle i så fall sannolikt hafva skett på 1070-talet[1].

Att staden ej ånyo uppbyggdes, berodde väl hufvudsakligen därpå, att en annan stad med lika fördelaktigt och mera skyddadt läge uppväxt, hvilken nu till sig drog äfven Bircas handel, nämligen den likaledes af Adam omtalade staden *Sictona*, det gamla Sigtuna[2]. Denna stad, som i olikhet med Birca ligger i det egentliga Sueonia, är nämligen också den en hamnstad i den ofvan omtalade viken af det Baltiska hafvet (Mälaren). Den ligger lika långt in i densamma som Birca[3]; dessa städer ligga nämligen nära hvarandra och vägen söderifrån öfver Telgæ till Sictona går öfver Birca. Att staden redan egde betydlig rikedom framgår af den i skol. 138 omtalade händelsen, då biskop Adalvard, som blifvit utsedd till biskop i Upsala och Sigtuna, här på en enda messa förtjänade ej mindre än 70 marker silfver. Enligt Adam skall han hafva till den kristna tron omvändt alla innevånarne i staden Sictona och dess omnejd, hvilket emellertid torde innebära en ej så liten öfverdrift, då bland annat annorstädes omtalas, hurusom han af hedningarne blef fördrifven ur staden[4].

På en dagsresas afstånd från Sictona ligger, midt i Svearnes land, Sueonias mest beryktade afgudatempel, det praktfulla templet i *Ubsola* eller Upsala, öfver hvilket Adam ger oss en intressant skildring.

Templet ligger, berättar han[5], på en slätt (in planitie)

---

[1] Adalwards besök i Sverige inträffade på 1060-talet. Om Birca verkligen redan då var förstördt synes det ej kunna hafva skett för så länge sedan. — *Montelius*, Sv. Hednatid, s. 307 förlägger förstöringen på grund af Björköfynden till omkring år 1000. — Se också *Jörgensen* 660 ff.

[2] Hvar detta Sigtuna var beläget är ej fullt visst. Namnet Fornsigtuna (= Signhildsberg), som redan vid midten af 1200-talet i ett påfvebref (Dipl. Svec. I 852, fornesitune) och sedan 1315 omtalas *(Rydbergs Traktater* I 388, Siktonia vetus), tyder på denna ort. Jfr *Kjellberg*, Kyrkorna i G. Ups. o. Sigt. (Tidn. Ups. 17 April 1897).

[3] *Adam* IV, 28 juxta enim sunt. Se ofvan s. 119.

[4] *Adam* IV c. 29, skol. 131; III Bih.

[5] *Adam* IV 28; II c. 56. Skol. 135.

och omgifves af kullar (montes), från hvilka man har en god utsikt öfver templet[1]. Ej långt från detta står ett väldigt träd, som sträcker sina grenar vida omkring. Uppgiften att det är grönt både vinter och sommar, som bekant en ingalunda ovanlig egenskap hos Nordens trädslag, har emellertid synts Adam så märklig, att han ansett nödigt berätta detsamma med tillägget, att ingen vet hvad slags träd det är. Här finnes äfven en källa, hvarest hedningarne pläga anställa offer, i det att de här nedkasta en lefvande menniska. Om denna ej flyter opp, anses gudarne gynna folkets beslut (ratum erit votum populi). Vid templet finnes äfven en lund, som af hedningarne anses så helig, att hvarje träd i densamma genom de där upphängdes död och förruttnelse anses såsom något gudomligt.

Själfva templet beskrifves såsom helt och hållet klädt med guld (totum ex auro paratum), något som kanske ej är så öfverdrifvet. Ofvantill omgifves det af en gyllene kedja, som hänger öfver byggnadens gaflar och fjärran från glimmar de kommande till möte. Inuti templet funnos bilder af de trenne gudarne Thor, Wodan och Fricco, framställda, som det vill synas, i sittande ställning[2]. *Thor* såsom den mäktigaste har sin plats midt emellan de båda andra. Han är framställd med spira (sceptro), likasom Jupiter. Däremot framställes *Wodan* (Oden) beväpnad, såsom de våra framställa Mars. Den tredje guden, *Fricco,* är framställd »cum ingenti priapo». Af de trenne gudarne herskar Thor i luften, styr öfver åska och blixt, vindarne, regn och solsken samt åkerväxten, och han åkallas mest, då pest eller hungersnöd hotar. Wodan däremot eller krigsraseriets gud (furor), för

---

[1] Positos ad instar theatri. Theatrum användes ofta, särskildt af den för Adam välbekante Virgilius om hvarje plats, som är lämplig för åskådande utan att den behöfver vara cirkelformig. Virg. Aeneis V, 286 ff. Hos Adam åsyftas säkerligen Uppsala högar. — *Adam* IV c. 27.

[2] Thor in medio solium habet triclinio; hinc et inde locum possident Wodan et Fricco. *Adam* IV c. 26.

krig och ger tapperhet emot fienderna, hvadan han åkallas, då krig förestår. Fricco, om hvars dyrkan svenskarne synas synnerligen lagt sig vinn, gifver menniskorna fred och njutningar (voluptatem) och åkallas särskildt vid bröllopsfester.

Alla dessa gudar hafva sina särskilda offerprester (sacerdotes), som till dem frambära folkets offer, en underrättelse, hvartill man bör lägga märke, då den antyder, att bland svearne vid denna tid inträdt en ny utveckling af den hedniska kulten, i det att, förmodligen genom påverkan af de kristna och möjligen äfven hedniska, slaviska och finska folk, med hvilka svenskarne i Österväg kommit i beröring, ej blott stora gudahus utan äfven ett särskildt presterskap uppkommit. Säkerligen var det detta, som mer än något annat bidrog att rotfästa hedendomen hos svearne, så att de fortforo att »slicka sina blotbollar»[1] ännu långt efter sedan deras grannar i söder och vester antagit Hvite Krists lära och först efter hårdnackade strider, om hvilka vi dock dessvärre äro föga underrättade, förmåddes att öfvergifva sina gamla gudar.

Adam berättar äfven om en för alla Sueonias provinser gemensam stor afgudafest, som hvart nionde år firades i Uppsala[2]. Ingen får undandraga sig att deltaga i denna. Furstar och folk (reges et populi) alla skicka de skänker till Upsala, och de som redan antagit kristendomen måste — hvilket är värre än alla straff — friköpa sig från deltagandet i ceremonierna.

Offret tillgår, säger Adam, på detta sätt: Af allt lefvande framföres nio stycken af hankön. Deras blod utgjutes inför gudarna, men kropparne upphängas i den förut omtalade lunden. Här hänga om hvarandra kroppar af hundar, hästar och menniskor. En af de kristna (aliquis christiano-

[1] Som bekant Olof Tryggvasons yttrande före slaget vid Svolder.
[2] Niotalet synes hafva varit heligt. — Jfr den påfallande likheten med det offer som enligt *Thietmar* I c. 9 hvart nionde år vid midvintertiden firades i Lejre. Se ofvan s. 91.

rum) har för Adam omtalat, att han där ej räknat till mindre än 72 kroppar. Festen firas under nio dagar med festmåltider (commessationes) och dylika offer, i det att för hvarje dag en menniska och sju andra djur offras åt gudarne.

Detta offer firades, enligt Adam[1], omkring vårdagjämningen. Säkerligen skedde det hufvudsakligen till Freys ära, hvarpå bland annat tyder den likaledes af Adam omtalade berättelsen, att de sånger, som vid denna fest plägade sjungas, voro många, men af så skamligt innehåll, att han icke vill omtala dem. Att döma häraf liksom af deras sätt att framställa Freys bild synes en rå otyglad sinlighet varit utmärkande ej blott för svenskarnes lefverne i allmänhet utan äfven för deras gudsdyrkan.

Oaktadt svearne hårdnackadt vidhöllo sin gamla tro, synas de kristna icke på något sätt hafva blifvit förföljda. Visserligen omtalas[2], hurusom konung Anunder blef fördrifven, då han ej ville göra det vanliga offret åt djäflarne, och som vi sett klagar Adam djupt öfver, att de kristne måste friköpa sig från deltagandet i offret. Men det synes mig ingalunda omöjligt, att här dock ej är fråga om någon ny pålaga på de kristna utan endast om den plikt, som drabbade den, som uteblef från tinget, med hvilket offerfesterna stodo i nära sammanhang. Adam berättar för öfrigt själf[3], att sanningens förkunnare, såvida de äro kyska, kloka och lämpliga, behandlades med stor välvilja. Biskoparne få till och med tillträde till deras ting (consilio populorum communi), och här lyssna de ofta gärna till ordet om Kristus och den kristna religionen. »Måhända skulle de», tillägger Adam,

---

[1] *Adam* skol. 137.
[2] *Adam* skol. 136.
[3] *Adam* IV c. 21. Kristendomen hade för öfrigt under Anund Jakobs regering mycket rotfäst sig i landet. *Adam* II c. 71. — De martyrer som stundom omtalas, hade vanligen begått något brott såsom t. ex. den Wolfred, som Adam (II 60) omtalar, hvilken midt på tinget med en yxa slog Thors bild i stycken.

»lätt låta förmå sig att antaga vår tro, om ej onda lärare, som söka sitt eget och ej hvad Jesus Kristus tillhörer, förargade dem, som eljes frälsas kunde.» Adam syftar väl härvid mindre på det förhållandet, att missionsarbetet här i Norden verkligen af många endast gjordes för snöd vinnings skull[1], utan säkerligen tänker den bremiske magistern på den i hans ögon illegitima mission, som bedrefs i Sverige från andra håll, såsom af den Osmund han själf omtalar eller den tidigare angelsaxiska och polska missionen i landet[2].

Om Sueonernas religiösa föreställningar berättar Adam vidare, att om de i striden råka i nöd, åkalla de en bland de många gudar de dyrka; denne äro de efter vunnen seger hängifna och sätta honom öfver alla de öfriga. Men det är redan en gängse åsikt, att de kristnas gud är starkare än de öfriga; dessa svika ofta, men han är alltid tillstädes som den starkaste hjälpare i nödens stund[3].

Sueonerna bestå af många folk, starka och väl beväpnade, utmärkta krigare såväl till häst som å skeppsbord. Därföre hafva de också under sitt inflytande de öfriga Nordens folk. De hafva konungar af en urgammal ätt, men deras makt beror af folkets vilja; det, som de alla å tinget eller som de själfva kalla det, *warh*[4], ansett vara det bästa (laudaverint), måste konungen bekräfta, såvida icke hans mening synes dem bättre, då de stundom ehuru ogerna följa denna. Hemma glädja de sig sålunda åt fullkomlig jämlikhet, men då de gå i krig, lyda de obetingadt konungen eller den han sätter öfver dem såsom den dugligaste.

---

[1] *Adam* IV c. 30 och annorstädes.
[2] *Adam* III c. 14. Se t. ex. ärkebiskop Bruns bref till kejsar Henrik II. *Wattenbach* I 354. *Jörgensen* Tillæg s. 53.
[3] Jfr berättelsen om krigståget i Ansg. Vita c. 27. Om åkallan af *en* af gudarne se *Frähn* Ibn Foszlan. s. 9. Om den store guden (se ofvan s. 92 n. 2) ej hör hans bön, vänder han sig till en af de små. Åt den som gör honom till viljes egnar han sedan sin dyrkan.
[4] Om detta ord se *Schröder*, Deutsche Rechtsgesch. s. 122.

Sueonia är ett mycket fruktbart land, rikt på jord-
bruksprodukter och honung. I boskapsskötseln står det fram-
för alla andra länder. Det är dessutom rikt på skogar och
väl belägna vattendrag (oportunitas fluminum sylvarumque)
med hvilket senare uttryck Adam antyder, att handeln och
samfärdseln inom landet med förkärlek begagnade sig af
vattenvägarne. Att handeln på utlandet var betydlig, på-
pekar han äfven. Hela landet var också, säger han, upp-
fylldt af främmande handelsvaror (peregrinis mercibus).
»Man kan sålunda», tillägger han, »säga, att sveonerna äga
alla rikedomar och dock äro fria från det högmod, af hvilket
vi äro så uppfyllda. Ty alla föremål af onyttig lyx, guld,
silfver, stolta hästar (sonipedes regios), bäfver- och hermelin-
skinn, hvaröfver vi falla i nästan vanvettig beundran, värdera
de intet.» Man torde häraf kunna sluta, att de nu nämda
varorna utgjorde exportartiklar till Saxonia, således ej blott
hästar och skinnvaror, som landet själft producerade, utan
äfven silfver och guld, som i stora massor inflöt i landet
genom handeln mot öster.

Vid talet om svenskarnes seder har Adam särskildt
fäst sig vid deras gästfrihet. »Ehuruväl alla hyperboreer[1]»,
säger han, »äro utmärkta för sin gästfrihet, utmärka sig dock
häri sveonerna framför alla andra; hos dem gäller det som
den största skam att neka en resande gästvänskap, så att
de till och med råka i tvist om hvem som skall få mottaga
gästen. Denne bevisar nu värden all möjlig välvilja (omnia
jura humanitatis) och han ledsagas, så länge han önskar
stanna, växelvis omkring i gårdarne till värdens vänner på
gästning.»

. Det enda som Adam funnit att anmärka beträffande
Sueonerna, är deras förhållande till kvinnokönet. I själfva
verket tyckes en otyglad sinlighet hafva varit ett utmärkande
drag för våra fäder; åtminstone synes det för främlingen

---

[1] *Adam* IV c. 21.

hafva varit mest i ögonen fallande. Ibn Foszlan talar utförligt härom[1] och på den finbildade araben göra rus intryck af att vara »wild herumlaufende Esel». Adam säger ock, att »gula et mulieres» (III 20) äro naturliga laster för Nordens folk i allmänhet. Om Sueonerna säger han vidare, att de i förhållande till kvinnorna sakna måtta. Hvar och en har efter storleken af sin förmögenhet två eller tre kvinnor på en gång, stundom ännu flera; de rika och furstarne (principes) ha otaliga. Dock är att märka, att do anso ur sådana förbindelser födda barn för äkta (legitimos). Vidare påpekar Adam, att den straffas med döden (capitali pena), som skändar en annans hustru eller våldtager en jungfru.

Samma straff drabbar äfven den, som beröfvar någon hans egendom eller eljes tillfogar honom någon oförrätt[2].

* * *

I sammanhang med framställningen af Sueonia omtalar Adam om åtskilliga därintill belägna länder och folkslag, hvarmed vi nu, alldenstund Adams uppgifter tolkats mycket olika, något närmare skola sysselsätta oss för att om möjligt finna någon reda.

Vi hafva då att börja med *Skridfinnarne,* Scritefini eller Scritefingi, som Adam kallar dem.

---

[1] *Frähn,* Ibn Foszlan 5 ff. Hans skildring af ryssarnes djuriskhet och osnygghet är hårresande; de äro de osnyggaste menniskor, som Gud har skapat. Att som *Steenstrup,* Normannerne I 226, helt enkelt förneka arabens trovärdighet (ikkun Afsindige kunne foretage sig saadanne Ting, som her beskrives) är väl ej riktigt. Däremot vore det i hög grad oriktigt, att af de ifrågavarande råa slafhandlarnes lefverne sluta till svenskarnes lefnadssätt i allmänhet.

[2] Om straffen jfr *Steenstrup,* Norm. I 320 ff. Jfr ock *Adams* berättelse om danskarne (IV c. 6): »de kvinnor, som begått äktenskapsbrott, säljas som slafvar. Men männen, vare sig att de gjort sig skyldiga till majestätsbrott eller ertappats för någon annan förbrytelse vilja hellre mista hufvudet än slita spö. Där finnas inga andra straff än halshuggning och slafveri.» Och i skol. 109 tillägges, att yxan hänger ständigt på torget, hotande den brottslige med döden.

Det är då först att märka, att Adam tydligen *från flere håll* — i likhet med hvad som hos honom ofta är fallet, fått sina uppgifter om detta folk. Som vi ofvan påpekat, förekommer Skridfinnarnes namn i Vesterlandet allra först hos Jordanes (Screrefenni) och efter honom hos Paulus Diaconus (Scritobini), och det syftar hos dessa otvifvelaktigt på lapparne. Om vi nu med Pauli Diaconi skildring, som vi i kap. II anfört, jämföra Adams berättelse om Skridfinnarne, skola vi finna påfallande likheter.

»Skridfinnarne kunna», säger Adam[1], »icke lefva utan köld och snö. Deras land är så fullt af villebråd, att innevånarne till största delen lefva däraf. Man berättar att de äfven i djup snö kunna springa fortare än de vilda djuren. Deras land ligger vid de af en evig snö täckta ripheiska bergen. Menniskorna äro där liksom stålsatta af kölden, bekymra sig icke om några skyddande hus (tecta domorum). De lefva af vilda djurs kött samt använda deras skinn till kläder.»

Alla dessa uppgifter om skridfinnarne har Adam tydligen fått från Paulus Diaconus eller äro de ur Adams förutsättningar lätt förklarliga slutsatser af hvad denne författare, som var väl bekant för Adam, yttrar om skridfinnarne och deras land.

Paulus Diaconus förlägger[2] skridfinnarne »in extremis circium versus Germaniæ finibus» och det var därför naturligt att Adam skulle komma att söka dem i norr om Sueonia och Northmannia, så mycket mer som han från dessa trakter tvifvelsutan hört åtskilligt, som påminde om Pauli Diaconi skildring. Men nu återstår emellertid den viktigaste frågan, den nämligen, med hvilket folk i Norden Adam identifierar skridfinnarne. Hittills har man tagit för afgjordt, att Adams skridfinnar åsyfta samma folk som Paulus Diaconus menar, nämligen lapparne. Ser man emellertid närmare på de upp-

---

[1] *Adam* IV c. 31.

[2] Hist. Langob. I c. 4, 5. In extremis — finibus — Huic loco Scritobini vicini sunt.

gifter om skridfinnarne, som Adam *själf* lämnar oss, skall man emellertid lätt finna, att så ej gerna kan ha varit förhållandet.

Först och främst är att märka, att Adam tydligen räknar skridfinnarnes land som en del af Sveonia, som dess nordligaste landskap, hvilket han väl svårligen skulle hafva gjort, om han åsyftat lapparnes land. Vidare omtalar han en del af skridfinnarnne som kristnade, och berättar ytterligare, hurusom bland dem verkade en öfver deras land särskildt förordnad biskop, nämligen Stenphi (Stenfinn) eller som han kallade sig Symon[1].

Om hvilket folk Adam åsyftar, behöfver man, synes det mig, ej tveka, då han uttryckligen säger, att skridfinnarnes »civitas maxima», »caput» eller, som han i skol. 132 riktigare uttrycker sig, »regio», är Helsingland[2]. Adams skridfinnar äro sålunda identiska med de gamle Helsingarne, således svenskar, och på dessa passa de ofvan omtalade underrättelserna ju synnerligen väl. Den förmodan, att Helsingland fordom omfattade jämväl Lappland är säkerligen oriktig. Väl omfattade Helsingland fordom ett mycket större område än nu, men endast af helsingar eller svenskar koloniserade trakter, ej lappska eller finska länder. — Att hos Adam ej kan vara fråga om lapparnes land, bestyrkes för öfrigt af berättelsen att konung Olof (Haraldsson), förmodligen på sitt tåg genom Sverige till Stiklarstad, i skridfinnarnes land uppbyggt en kyrka[3]. Dessutom är att märka, att Adam verkligen på ett annat ställe talar om lapparne, och till detta skola vi nu vända oss.

---

[1] *Adam* IV c. 24, 25; skol. 94.

[2] En förklaring af det egendomliga förhållandet, att Adam kallar Helsingland för skridfinnarnes *»civitas»* har gifvits af *Hjärne*, Helsingelif under Helsingelag s. 6. »Troligen hafva missionärer, som varit i Sverige, berättat för Adam, att helsingarne bodde i tätt befolkade bygder och därifrån utöfvade ett slags myndighet öfver lapparne i de omgifvande ödemarkerna.»

[3] *Adam* skol. 141.

Han säger nämligen[1], att danskarnes konung för honom berättat, att ett folk från bergsbygderna (ex montanis) plägade nedstiga i sueonernas längre ned belägna område (in plana). Det var ej af någon reslig växt men så kraftigt och raskt, att det brakte svenskarne i stor förlägenhet (vix Suedis ferenda). Man visste ej, hvarifrån det kom. »De komma, sade konungen, alldeles oförmodadt (subiti) än hvarje, än hvart tredje år. Om man då ej med all makt gör dem motstånd, så förhärja de hela trakten och draga därpå åter sina färde.»

Det synes mig som om man här omisskänneligt hade framför sig en skildring af lapparne och deras ströftåg in på de svenske nybyggarnes område. Väl har gent häremot påpekats, att lapparnes okrigiska kynne strider emot en sådan tolkning, då i stället de själfva alltid varit utsatta för svenskarnes misshandlingar. Det kan dock härpå svaras, att stället ej talar om några krigiska härjningar med eld och svärd utan kan helt enkelt hafva afseende på den fullständiga förhärjning, som skedde på nybyggarnes åkrar och betesmarker af de från fjällen (ex montanis) nedkommande lapparnes kringströfvande renhjordar, och för hvilken nybyggarne troligen lika mycket då som nu voro utsatta. Säkerligen sökte de då freda sig genom att »totis viribus» anställa massaker ej blott, som ännu i dag stundom sker, på renhjordarne, utan äfven på lapparne själfva. — Berättelsen att det ifrågavarande folket kom oväntadt, stundom årligen, stundom hvart tredje år, och att man ej visste hvarifrån de kommo, synes tydligt åsyfta en utan fast hemvist kringströfvande nomadstam.

*   *   *

Vi komma nu till Adams »kvinnoland», *terra feminarum* eller Amazonum patria. Äfven här har Adam samman-

---

[1] *Adam* IV c. 25.

blandat en mängd från olika håll hämtade uppgifter, såväl från antiken som från samtiden och tillämpat dem på ett i Norden boende folk. Vi skola här i korthet så vidt möjligt är söka något utreda äfven denna sak.

Hvad då först beträffar Amazonsägnen, hafva vi ej här att undersöka dess uppkomst i de gamles föreställningssätt[1]. Vi endast påpeka, att amazonernas land ursprungligen förlades vid södra kusten af Svarta hafvet men sedermera flyttades till den nordöstra, där amazonerna nu under en längre tid blefvo bofasta[2]. Men därjämte uppdyka tid efter annan nya amazonfolk på de mest skilda trakter af jorden, från Libyens öknar till Germaniens urskogar. Vi hafva här endast att följa de sägner, som förekomma om ett kvinnofolk i Europa.

Denna sägen möter oss, så vidt jag kunnat finna, allra först hos *Paulus Diaconus* i hans Historia Langobardorum. Han berättar här[3] att Langobarderna vid öfvergången af en flod i det inre af Germanien råkat i strid med amazonerna. Saken förefaller honom emellertid själf något egendomlig, »ty alla — säger han — som känna till häfderna (veteres historiæ) veta, att amazonernas folk för länge sedan blifvit tillintetgjordt. Möjligt är dock, tillägger han, att det omtalade kvinnosläktet kunnat lefva kvar i de ifrågavarande trakterna, alldenstund dessa äro så godt som okända för historieskrifvarne. Ty, fortsätter han, äfven jag har af några hört omtalas att ända intill denna dag i det inre af Germanien skall finnas ett sådant kvinnofolk.» (gentem harum existere feminarum).

---

[1] Jfr härom i allmänhet art. Amazones i *Pauly-Wissowa* Real Encycl samt *Meyer*, Gesch. des Alterthums, I s. 303, 7, 545, 8, II s. 452, 6.

[2] Cassiodorus torde varit den förste som identifierade Amazonerna med gotiska kvinnor. *Wattenbach*, D. Gesch. quellen I 70. *Jordanes*, Getica V § 44. — *Orosius* I c. 14, 16.

[3] Hist. Langob. I. c. 15. Striden afgjordes genom en tvekamp mellan en af amazonerna och en af langobarderna.

Längre fram påträffa vi sägnen från ett annat håll. I sin ofvan berörda geografiska framställning af Europas länder omtalar konung *Alfred* jämväl ett kvinnoland. »Norr om Horithi, säger han[1] är Mægdaland; och norr om Mægdaland är Sermende.» Alfred har sålunda också hört talas om ett i det inre Germanien beläget kvinnoland[2], hvilket han förlägger mellan Horithernas land i söder och Sermende i norr. Horithi äro Chorwaterna i vestra Riesengebirge i Böhmen. Hvad däremot förstås med Sermende är ej fullt lika klart. Vanligen anser man, att det är sarmaterna eller nord- och östslaverna och detta synes bäst stämma med Alfreds ord, då han säger, att Sermende sträcker sig ända till de ripheiska bergen (oth tha beorgas Riffin). Dock må eriras, att i urkunder vid år 945 och senare ofta omtalas ett folk Sermunti i trakterna mellan Saale, Elbe och Mulde. — Huru som helst är sålunda Alfreds kvinnoland att söka någonstädes i trakterna norr om Böhmen, efter all sannolikhet i vester eller sydvest om Preussarnes land.

Tillvaron af ett kvinnoland i dessa trakter omtalas äfven egendomligt nog i det följande århundradet af en tredje källa, nämligen juden *Ibrahims* reseberättelse[3]. Han säger nämligen här: »Vester om Brûs (preussarnes land)[4] ligger kvinnornas stad. De hafva åkrar och slafvar. Af dessa blifva de hafvande, och om någon af dem föder en gosse, döda de densamma. De rida till häst, föra själfva krig och äro fulla af mod och tapperhet. Och denna berättelse om kvinnornas stad, tillägger han, är sann: Otto, den romerske konungen, har själf berättat det för mig.»

---

[1] Vitterh. Akad. Handl. VI s. 52, 53.

[2] Såväl *Forster* (Gesch. der Entdeck. s. 83) som *Rask* (Ottars Reisb. s. 85) anse att Mægthaland ej betecknar kvinnoland utan är felskrifning för Vartaland (F.) eller (R.) kommer af Mægd = provincia och betecknar Gårdarike, såväl onödiga som omöjliga gissningar.

[3] *Wigger*, Mekl. Jahrb. 1880 s. 16.

[4] I texten står Rûs men sammanhanget fordrar nödvändigt Brûs. Ibid.

Det är af det anförda tydligt att under flere århundraden bibehållit sig en sägen om ett kvinnoland i det nordöstra Tyskland eller närbelägna trakter. Huru denna sägen uppkommit, därom synes för närvarande vara omöjligt att framställa något annat än gissningar. Att den endast skulle vara en på lärd väg skedd förflyttning af den antika amazonsagan upp till norden synes mig emellertid vara ett antagande som saknar alla skäl. Säkerligen har sägnen här själfständigt uppkommit. Det är nämligen att märka att innevånarne aldrig kallas amazoner utan alltid kvinnor. Hade sägnen på lärd väg uppkommit skulle nog ej heller det lärda namnet hafva saknats. Af denna anledning kan jag ej heller biträda Schafarik, som anser det möjligt att sägnen uppkommit genom namlikheten mellan Amazoner och Masovien[1]. Säkerligen ligger här, liksom förhållandet är med den antika amazonsägnen, till grund ett verkligt sakförhållande, vare sig några krigiska kvinnor eller någon i »kvinnokläder» klädd folkstam[2].

Jag anser det ej osannolikt, att denna sägen ännu på Adams tid, fortlefde och att han möjligen hört något därom. Vi finna ju åtskilliga likheter emellan hans och Ibrahims skildring. Emellertid är det påtagligt, att Adam hämtat stoffet för sin framställning af Amazonerna hufvudsakligen, ej ur någon på hans tid gängse folksägen om ett kvinno-

---

[1] *Schafarik*, Slav. Alterth. II 672.

[2] *Pomponius Melas* berättelse om slaverna (III 4) torde förtjäna uppmärksamhet. »Äfven kvinnorna, säger han, draga med männen i krig och för att de därtill skola vara lämpliga afbrännes genast vid födelsen högra bröstet så att det ej hindrar armen att slå. Att spänna båge, rida och jaga är flickors sysselsättning. Att hafva dödat en fiende fordrar man af en vuxen. Att ej hafva gjort det, är vanärande och straffas med evig jungfrudom.» — Detta synes enligt Ibrahim ha varit ett hårdt straff. Att vara jungfru ansågs äfven för en brud så skamligt att det var tillräckligt skäl för mannen att förskjuta henne. — Jfr ock *Schafarik* I 335. Omöjligt synes ej vara, att Magdeburg, *civitas virginum* i Adalberts Vita (c. 3), kan stå i något sammanhang med den besynnerliga sägnen.

land utan ur de honom tillgängliga antika författarnes berättelser om Amazonerna.

»Vid det baltiska hafvets stränder skall, säger Adam[1], finnas Amazoner. De skola enligt någras utsago blifva hafvande genom att dricka vatten (aquæ gustu concipere). Andra säga att de blifva det af de köpmän som ditkomma, eller af sina slafvar eller af andra vidunder, som där finnas i stort antal. Och detta synes mig troligare. De afkomlingar, som de på detta sätt få, äro hundhöfdade, såvida de äro af mankön, men eljes de vackraste flickor. De lefva för sig själfva och förakta umgänge med män, och om några sådana komma till deras land, visa de dem med kraft tillbaka.»

Äfven om spridda drag af denna skildring äro att hänföra till muntliga underrättelser, placerar Adam sina Amazoner *fullkomligt oberoende af den tyska sägnen* och i full öfverensstämmelse med de antika uppgifterna för så vidt han uppfattat dem. Hos sina gamle auktorer fann han nämligen Amazonernas land förlagdt intill Albanernas, i nordost om de meotiska träsken, och då han nu, som vi sett, identifierade dessa med Östersjön, var det naturligt, att han skulle förlägga sina amazoner nordvest om detta haf, där han ju också i Vesserna trodde sig hafva återfunnit deras närmaste grannar, de gamles Albaner[2]. Och det är klart, att Adam måste känna sig så mycket säkrare på sin sak, som han verkligen ifrån den nordliga kusten af Östersjön hörde talas om ett kvinnoland, terra feminarum, hvilket han naturligtvis måste finna identiskt med de gamles »Amazonum patria».

En förklaring af detta märkliga förhållande har först gifvits af Forster[3], som påpekat, att Adam tydligen uppfattat

[1] *Adam* IV c. 19.
[2] Se ofvan s. 110 ff.
[3] *Forster*, Gesch. d. Entdeck. Frkf. 1784 s. 75, 76.

talet om kvänernas land så som om det varit fråga om
kvinnornas land. I själfva verket är denna hypotes synner-
ligen osökt och den har också vunnit allmänt erkännande,
då alla sannolikheter tala för densamma. — På frågan om
kvänernas boningsplatser och nationalitet skall jag ej här
inlåta mig[1]. Jag vill blott erinra att Kvänland att döma
af *Adams* skildring af kvinnornas land snarare synes vara
att söka i södra delen af Finland än i Norrland. Enligt denna
hör nämligen terra feminarum icke till svenskarnes land;
efter hvad det vill synas går resan från Sueonia dit till
sjös, och slutligen ligger det nära intill den nedan om-
talade ön Estland, allt omständigheter som snarare tyda
på Finland än på Norrland. Det tillvägagångssätt som inne-
vånarne använde till försvar mot den svenske konungasonen
Anund och hans här, nämligen att förgifta källorna[2], tyder
också på ett mera barbariskt folk, eller om denna berättelse
saknar grund, i alla händelser på ett folk, för hvilket sven-
skarne hyst en inrotad misstro och ovilja, således snarare
på ett främmande, finskt än på ett svenskt folk.

Huru härmed än må förhålla sig, är det tydligt, att
förvexlingen af kväner med kvinnor ej är äldre än från
Adams tid, och att han är den förste som gjort densamma[3].
Då han nämligen berättar om Anunds tåg säger han att de
kommo till kvinnornas land, *som jag förmodar vara ama-
zoner*, och då han i IV 19 talar om deras land, tillägger
han, att det *nu* kallas kvinnornas land, hvilket mer än tyd-
ligt visar att Adam ej kände till någon här i Norden loka-
liserad amazonsägen utan att det tydligen beror på hans

---

[1] Se härom *Wiklund,* om Kvänerna, i Arkiv f. Nord. Filologi. Att
kvänerna voro ett svenskt och ej ett finskt folk antogs först af *Porthan*
Vitt. Ak. Handl. VI, s. 58 ff. Han identifierar dem med helsingarne.
Namnet kväner anser han härröra från lapparne, af hvilka sedan norr-
männen fått det.

[2] *Adam* III c. 15, IV c. 14, 17, skol. 119.

[3] Samma åsikt synes äfven hyllas af *Forster,* anf. arb. s. 75 och
ej heller *Peschel-Ruge,* Gesch. d. Erdk. s. 90 synes hafva någon annan mening.

egen kombination. Jag har velat framhålla detta, då det
för närvarande synes vara en allmänt gängse åsikt, att för-
vexlingen af kväner och kvinnor och i följd däraf amazon-
legendens förläggande till Nordens länder skulle vara uråldrig.
Denna åsikt har derigenom uppkommit att man — så vidt
jag vet först Zeuss i hans arbete Die Deutschen [1] — förklarat
Taciti ofvan omtalade berättelse om Sitonerna, som styrdes
af en kvinna, endast kunna bero på en redan vid denna
tid gjord missuppfattning af Kvänland som ett kvinnoland.
Som ofvan påpekadt torde det emellertid först och främst
vara mycket ovisst, om Taciti Sitoner äro att söka invid
Suionernas land och ej snarare vid den södra Östersjökusten,
men äfven om de rätteligen böra förläggas intill svenskarnes
land i norr, så torde man lägga märke till att Tacitus inga-
lunda talar om något kvinnoland, allra minst om några
amazoner. Hans ord lyda [2]: »Suionibus Sitonum gentes
continuantur. *Cetera similes,* uno differunt, quod *femina
dominatur:* in tantum non modo a libertate sed etiam a
servitute degenerant.»

Det är verkligen svårt att förstå, huru talet om ett
kvinnoland kunnat af Tacitus på ett så egendomligt sätt
uppfattas och återgifvas. Den som ej vill alldeles godtyck-
ligt framtolka en annan mening, kan af Taciti ord endast
få veta, att Sitonerna, vare sig de nu skola sökas i söder
eller norr om Östersjön, voro en germanstam, som vid denna
tid styrdes af en kvinna, ett förhållande, som i och för sig
hvarken är särdeles ovanligt eller underbart.

Ännu oriktigare synes mig emellertid den uppgiften
vara, att efter Tacitus omtalas amazoner vid Bottenhafvet

---

[1] *Zeuss.* Die Deutschen u. die Nachbarstämme s. 157 och efter
honom *Müllenhoff* II 9 ff, med flere. Om betydelsen af Sitonernas namn
se Zeuss o. Müllenhoff ibid.

[2] *Tacitus* Germania c. 45. Jfr *Geijer* Svea R. Häfder s. 82. Det
är mycket troligt att Taciti Sitoner äro identiska med de Sitoner e. Sidiner
som andra författare (Strabo, Ptolemæus) omtala söder om Östersjön.

af en hel rad senare skriftställare. Förhållandet är nämligen, att det före Adam ej finnes någon enda. Wiklund[1] anför, att ett Amazonfolk »härstädes», d. v. s. i Norrland, omtalas af Paulus Diaconus och geografen från Ravenna. Hvad den förre angår, åtnöjas vi med att hänvisa till det föregående. Ravennageografen åter talar visserligen om Amazonerna, men han förlägger dem ej heller här i Norden utan alldeles i öfverensstämmelse med den antika föreställningen i närheten af de mæotiska träsken[2].

*   *   *

Cynocephali eller hundhufvuden äro också ett folk, som Adam funnit omtaladt hos sina gamla auktorer. Såväl Martianus som Solinus omtala hundhöfdade stammar. Så talar Martian[3] om dylika monstrer, och Solinus åberopar sig på Megasthenes, som skrifver att »per diversos Indiæ montes» finnas »nationes capitis caninis armatas unguibus, amictas vestitu tergorum, ad sermonem humanam nulla voce sed latratibus tantum sonantes rictibsque[4]». Hundhufvuden äro, som vi ofvan sett, enligt Adam amazonernas manliga afkomma, en sägen, som han också synes hafva fått från Solinus.

Ehuruväl Adam sålunda äfven härvidlag föranleddes till sina yttranden af de antika sägnerna, vill det dock synas,

---

[1] *Ahlenius,* Ol. M. s. 14. Hvilka författare ha öfver hufvud känt till Bottenhafvet? *Wiklund,* om kvänerna. Arkiv s. 109.

[2] *Ravennageografen* c. 12. »Nona ut hora noctis Amazonum est quæ ab antiquis dicitur patria, postquam eas de montibus Caucasiis venisse legimus, cujus post terga ad frontem spatiosa antiqua Dardania ponitur, et desuper ut dicamus ex latere paludes maximæ inveniuntur, quæ et Mæotides appellantur.»

[3] *Martianus Capella* ed Kopp § 674.

[4] *Solinus,* ed. Mommsen 52, 27. Megasthenes var en grek som förmedlade de efter Indusområdets afträdande vänskapliga förbindelserna mellan Seleukus Nikator och Sandracottos (Tschandragupta) och skref ett arbete om Indien, af hvilket utdrag finnas kvar hos andra författare.

som om han verkligen i Norden hört några muntliga berättelser om dylika folk, ty han säger[1], att man ofta ser dem som fångar i Ruzzia, och att de »cum verbis latrant in voce». Säkerligen ligger härför till grund en liknande förblandning som den nyssnämda mellan kväner och kvinnor. I vesterlandet gaf man nämligen åt slaver och andra folk; bland andra madjarerna i Ungern, namnet hunner[2], och häraf kunde lätt genom namnlikheten uppkomma sägnen om ett hundfolk. Och att detta ej blott är en lös gissning visar Helmolds yttrande, att på det saxiska språket kallas slaverna hundar[3]. Sägnen synes för öfrigt, att döma af en berättelse hos Paulus Diaconus[4], sedan lång tid varit bofast i Germanien, och ungefär samtidigt med Adam omtalas den egendomligt nog af en annan författare, nämligen Bernold af Blasien. Denne berättar nämligen, att Böhmarne hellre röfvade människor än boskap för att på ett omenskligt sätt på dem tillfredsställa sina lustar, och för att sedan sälja dem till *hundhufvudena*, hvilka åto upp dem.

Adam har emellertid förklarligt nog identifierat de gamles Cynocefaler med det hundfolk, han i Norden hört omtalas. Hvilka de hunner voro, som ofta voro krigsfångar i Ryssland, är svårt att afgöra. Såvida yttrandet om deras »gläfsande» beror på muntliga underrättelser och ej är direkt hemtadt från Solinus, synes det tyda på att de ej kunde vara slaver utan folk af någon främmande stam[5].

---

[1] *Adam* IV c. 19.

[2] Jfr *Beda* Hist. Eccl. V c. 9. *Ordericus Vitalis* Hist. Eccl. IV c. 19. *Schafarik* I 328 ff; II 512. De hunner, som i Edda och Niebelungenlied omtalas äro tydligen slaver.

[3] *Helmold* 1 c. 16.

[4] Hist. Lang. I c. 11. Langobarderna skrämde sina fiender Assipitterna med att de i sitt läger hade hundhufvuden. *Bernold* Chron 1077. Historien skall visa gudlösheten hos Henriks anhängare.

[5] Främmande språk föreföllo ofta för den oinvigde som skällande. Se t. ex. At-Tartûschîs berättelse om Schleswigarnes sång. *G. Jacob*, Ein arab. Berichterstatter aus dem 10 Jahrh. s. 34 (Berlin 1896).

De *Husi*, som Adam därsammastädes omtalar, synas vara ett verkligen existerande folk, då namnet ej hos någon annan författare förekommer. De äro bleka, grönfärgade och långlifvade (macrobii). Möjligen åsyftar han någon finsk folkstam i norr[1].

* * *

Huruvida Adam af något annat skäl än att de förefinnas hos de gamle, hit upp till Norden förlägger *Cykloper*, som hafva ett öga i pannan, *Himantopoder*, som hoppa på ett ben, och *Antropophager*, som äta menniskokött, vill jag ej afgöra, då Adam blott uppräknar dem[2]. Osannolikt är ej att han trott sig igenkänna dessa i åtskilliga af den Nordiska sagans figurer, som säkerligen ej voro honom obekanta, såsom jättar och andra vidunder. Att han ej blott från antiken fick höra talas om sådana, visa de ord, med hvilka han afslutar kap. 19. »Där finnas», säger han, »jämväl många andra vidunder (monstra), som sjömännen ofta berätta sig hafva sett, ehuruväl det af de våra hålles för föga trovärdigt.»

* * *

Innan vi lämna Östersjön och de därintill liggande länderna hafva vi att nämna Kurland och Estland, som Adam jämväl omtalar. »Längre in i det Baltiska hafvet», säger han efter att hafva talat om de danska öarne, »finnas äfven andra öar, som lyda under Sueonernas land. Den allra största af dessa är den, som kallas *Churland*. Förmodligen

---

[1] Jfr Seneca, de ira, 3,20 »Aethiopes, qui ob longissimum vitæ spatium Macrobioe apellantur. *Forcellini* Onomasticon, Macrobii» — *Müllenhoff* II s. 72.

[2] Betr. Cykloper se nedan. Hvarföre cykloper placerades i Skytien se *Pauly-Wissowa* Real. Encycl. Arimaspoi. — Beträffande sagan om antropofagerna har *Schafarik* I 294 en gissning. Se också *Müllenhoff* II s. 49, 50.

är det, tillägger han, samma ö, som i Vita Ansgarii kallas Chori och som Sueonerna då gjorde sig skattskyldig. Den har en utsträckning af åtta dagsresor[1]. De blodtörstiga innevånarne undflys af alla för deras omåttliga afgudadyrkan; där finnes mycket guld och utmärkta hästar. Alla hus äro fulla af spåmän, tecknatydare och svartkonstnärer, som till och med gå klädda i munkkläder. Från hela världen hämtas här orakelsvar, i synnerhet »ab Hispanis[2] et Græcis.» Där har nyligen uppbyggts en kyrka genom en köpmans bemödande, hvilken danskarnes konung därtill förmått genom många skänker. Danskarnes konung har själf, tillägger Adam, jublande i Herren berättat mig denna glada nyhet (recitavit mihi hanc cantilenam).

Det är att märka, att Adam framställer Kurland som en ö. Möjligen beror detta på hans ur såväl bibeln som de gamle författarne och Ansgarii Vita hämtade föreställning att de nordiska länderna i allmänhet bestodo af öar. Det är emellertid påfallande, att särskildt Östersjöprovinserna hos Adam söndersplittrats i öar, hvilket sannolikt efter hvad det synes beror därpå, att han på något sätt missuppfattat berättelsen om de österifrån på olika ställen i Östersjön utmynnande vattenvägarne[3].

Churland, hvilket hos Adam synes hafva varit af vidsträcktare omfattning än nu, lydde enligt Adam under svenskarnes välde, en uppgift som dock möjligen kan bero

[1] *Adam* IV c. 16. Detta kan möjligen blott vara en slutsats af de uppgifter om Chori som finnas i Ansgarii Vita (c. 27).

[2] Andra läsarter: Hyspanis, Ispanis, his panis. *Lappenberg* (not) föreslår Cipanis eller Circipanis. Sannolikare synes mig dock Giesebrechts gissning att Adam skrifvit his paganis och att meningen sålunda är, att orakelsvar där hämtades i synnerhet af de kringboende hedningarne och ryssarne.

[3] Handelsvägar från Svarta hafsländerna utmynnade i Östersjön såväl norr som söder om Estland och Kurland, och det synes ej omöjligt att några obestämda underrättelser om detta sakförhållande föranledt Adam att anse dessa länder såsom på alla håll omslutna af vatten.

på en slutsats af Ansgarii Vita. Det låg ej långt ifrån Sueonernas Birca, hvilket Adam troligen sluter af Östersjön förmenade ringa bredd. Ansgarii Vitæ förlägger nämligen Chori långt ifrån Sueonernas land[1].

Märkligt är att redan nu här fanns en kristen kyrka. Det framgår dock ej att kristendomen därför vunnit några framsteg alls utan folket var fullständigt hedniskt.

*　　*　　*

Dessutom finnes, berättar Adam[2], enligt hvad han hört omtalas, flere andra öar i detta haf, af hvilka en heter *Aestland*. Den är icke mindre än den förut omtalade och skall ligga nära intill kvinnornas land. Äfven dess innevånare äro alldeles okunniga om de kristnes Gud och dyrka drakar och ormar, åt hvilka de till och med offra lefvande menniskor, som de köpa af köpmänner, sedan de först omsorgsfullt förvissat sig om, att de icke hafva något kroppsligt lyte (maculam in corpore), ty i så fall försmås de af drakarne[3].

Som vi ofvan påpekat, betecknade Estland ursprungligen de af de lettisk-lithauiska folken bebodda trakterna vid sydöstra Östersjökusten, och det är i själfva verket först hos Adam som namnet förekommer i en annan betydelse. Här betecknar det nämligen det af de finska Esterna bebodda landet norr om de nyssnämda stammarnes område, där namnet nu slutligen blifvit bofast.

Jämväl Estland anses af Adam i likhet med Kurland för en ö. Detta är dock mera förklarligt, ty oafsedt att Estland verkligen är kringflutet af vatten, bodde Ester jämväl på de utanför liggande öarne och kännedomen om dessa kunde lätt ingifva Adam den föreställningen att hela Estland var en ö.

---

[1] *Ansg. Vita* c. 27.

[2] *Adam* IV c. 17.

[3] Ännu långt fram under nyare tiden ansågo Esterna ormar för heliga.

Likasom Kurerna voro Esterna hemfallna åt en rå af-
gudadyrkan med ormkult och menniskooffer. Det är att
märka att Adam *icke* räknar Estland till de under Sueonias
välde lydande öarne i Östersjön. —

Märkligt är att Adam ingenstädes omnämner de stora
svenska öarne Öland och framför allt Gotland, hvilka dock
som vi sett redan af Wulfstan omtalats[1]. Det är väl sanno-
likt att han om dem haft åtminstone några underrättelser
och i så fall äro de väl inberäknade i de »andra längre in
(i Östersjön) belägna öar, som lyda under Sueonias välde».
I alla händelser är det egendomligt, att han ej särskildt
nämner Gotland, som vid denna tid var en så betydande
medelpunkt för handeln[2]. Detta kan dock möjligen bero på
att han på grund af namnlikheten antagit Gotland vara
identiskt med Götaland, en förväxling som för öfrigt under
Medeltiden flerstädes förekommer.

* * *

I kap. 30 börjar Adam sin skildring af *Nordmannia*,
Nortmannia, eller som det på Adams tid (a modernis) kal-
lades, Norwegia eller Norguegia; på ett ställe (II 22) har
Adam också Norveia. Namnet Nordmannia förekommer redan
mycket tidigt såsom namn på de af de skandinaviska folken
bebodda länderna i allmänhet, särskildt Danmark, men såsom
namn på speciellt Norge träffas det först efter slaget vid
Hafersfjord 872 och så vidt jag kunnat finna, är Alfred den
store den förste som i denna mening använder detsamma.
Den andra namnformen, Norvegia, förekommer först senare
under Adams' århundrade i Encomium Emmæ (Nordwega)[3]

---

[1] Se ofvan c. II.

[2] Gissningen att *Adam* sammanblandat uppgifter om Churi och
Guti har dock åtskilligt för sig. Att ön lydde under Sueonia och var rik
på guld passar säkerligen ännu bättre till Gotland än till Churland. Jfr
Günther, Ad. v. Bremen s. 40.

[3] *Langebek*, S. R. D. II 492.

och hos Dudo, som talar om Northguegigenæ i motsats mot Dacigenæ, och denna benämning förtränger snart det förra namnet[1].

Nordmannia är, säger Adam, jordkretsens yttersta land. Det sträcker sig på längden mot den yttersta norden (in extremam septentrionis plagam) och däraf har det äfven fått namn. Det tager nämligen sin början vid den framskjutande klippkusten af det sund, som plägar kallas det Baltiska; därpå böjer det sin rygg mot norr i en båge utefter den skummande Oceanens rand och slutar omsider vid de ripheiska bergen, hvarest äfven jordkretsen tröttnar att utvidga sig. Det omsluter med sina höga berg (suis alpibus) Sueonia och dess storlek är omkring hälften af detta lands[2].

Nordtmannias hufvudstad är *Trondemnis*[3]. Det är en stor, mycket besökt stad och numera beprydd med kyrkor. I denna stad ligger den helige martyren Oloph begrafven. Vid hans graf har Herran allt intill denna dag låtit ske stora helbregdagörelseunder, så att folk från de mest aflägsna bygder här strömma tillsammans, icke tviflande om hjälp genom detta helgons förtjänst. S:t Olofs fest firas den 29 Juli (IV Cal. Aug.) af alla Nordhafvets folk, norrmän, svenskar, sember, danskar och slaver[4]. — Trondhjems läge bestämmes af Adam närmare så, att om man stiger ombord i Alaburg eller Wendila i danskarnes land, kommer man på en dag öfver till *Wig*, en stad i Nortmannernas land. Därifrån seglar man åt venster omkring Norvegias kust och kommer på femte dagen till staden Trondempnis.

Vig är tydligen ingen stad utan det norska landskapet

---

[1] *Steenstrup*, Norm. I 53. *Rydberg*, Sv. Traktater I s. 57. — I den senare medeltida krönikelitteraturen kallas norrmännen mycket ofta Norici, så hos Ord. Vitalis m. fl.

[2] *Adam* IV c. 21.

[3] *Adam* IV c. 32.

[4] *Adam* II c. 59. Om segelhastigheten på de nordiska farvattnen se ock *Tuxen*, De nordiske Langskibe (Årbøger f. nord. Oldkynd. 1886).

Viken[1]. Det förekommer nämligen hos Adam stundom att
han missuppfattat talet om bygder och landskap som om
fråga vore om städer. Likaså klart är emellertid att Adam
ej, som Lappenberg menar, med Wig afser den lilla vik,
vid hvilken staden Tönsberg är belägen[2]. — Som vi ofvan
påpekat gick färden från Danmark öfver till trakterna vid
Göta Elfs mynningar, där redan tidigt funnos viktiga han-
delsplatser, säkerligen på både den svenska och norska sidan.

Emellertid är det påfallande, att färden från Viken
ända till Trondhjem enligt Adam gick på den korta tiden
af fem dagar, under det Ottar behöfde 30 dagar för att
från det visserligen något längre bort belägna Halagland
segla till Skiringssal i Vestfold, hvarunder han dock om
nätterna lade till vid land. I allmänhet framgår af Adams
uppgifter, att sjöfärderna särskildt på de vanliga handels-
linierna i Norden gått synnerligen raskt. Jämväl färderna
från Birca till Ruzzia och från Sconia till Birca kräfde, som
vi ofvan hafva sett, blott fem dagars tid, hvilket, om upp-
giften är pålitlig, ju gör en synnerligen god fart. — Sjö-
vägen upp till Trondhjem var, enligt Adam, den vanliga;
dock kunde man äfven resa landvägen dit, i hvilket fall
man reste ut ifrån Sconia i danskarnes land. Denna väg
kräfver emellertid, säger Adam, längre tid, alldenstund den
för öfver bergstrakterna (tardior in montanis) och då denna
väg är full af faror, undvikes den helst af färdemännen.

Nordmannia är enligt Adam[3] på grund af sina vilda
väldiga berg och den stränga där rådande kölden det ofrukt-

---

[1] Det första norska landskaps namn som vi möta under medeltiden
— om vi bortse från *Jordanes*, som synes hafva varit mycket väl under-
rättad om förhållandena särskildt i den *vestra* delen af den skandinaviska
halfön och här nämner flere folknamn, som lätt igenkännas, såsom Ragna-
rici m. fl. — är Vestfold. Annal. Lauriss. tala vid år 813 om »Vestar-
folda, quæ regio ultima regni eorum inter septentrionem ot occidentem
sita, contra aquilonem Brittanniæ summitatem respicit.

[2] *Lappenberg* not till kap. 32. Se ofvan.

[3] *Adam* IV c. 30.

baraste af alla länder, ett yttrande, som väl delvis endast är en slutsats af dess nordliga läge. — Det enda, för hvilket landet lämpar sig, är boskapsskötsel. På många ställen såväl i Norge som i Sverige äro därför herdarne mycket förnäme män, som efter patriarkernas sed lefva af sina händers arbete. Och likasom araberna hafva de boskapen långt aflägset i ödemarkerna (longe in desertis stabulant [1]), en antydan om de uppe i fjällen belägna fäbodarne.

Af sin boskapsskötsel hämta norrmännen sitt lifsuppehälle, i det att de använda djurens mjölk till föda och derås ull till kläder. Det lefnadssätt de föra uppfostrar innevånarne till tappra krigare, hvilka, icke förvekligade genom rik tillgång till markens frukter, mycket oftare anfalla andra än de själfva af någon ofredas. De lefva i endräkt med sina grannar Sueonerna, men anfallas stundom af danskarne, som äro lika fattiga, dock lämna de detta ingalunda ostraffadt. — Tvingade af sin fattigdom foro de ock fordom all verlden omkring och hemförde genom sjöröfveri de olika ländernas produkter, sålunda afhjälpande sitt hemlands torftighet. — Och från dessa Normanner, som bo på andra sidan om Dania, kommo, tillägger skol. 139, de normanner, som bebo Francia, och ifrån dessa har nyligen Apulien fått, en tredje skara normanner [2].

Men sedan de, fortsätter Adam, antagit kristendomen och undervisats i en bättre skola, hafva de lärt sig älska sanning och frid och vara nöjda med det de hafva; ja att dela med sig däraf åt andra i stället för förut tvärtom. Och

---

[1] *Adam* IV c. 30, 31. Om Arabernas lefnadssätt kunde Adam få veta åtskilligt af den tidens Jerusalemfarare, bland hvilka han själf omtalar ett par (Adam III c. 20; Bih.). Lambert af Hersfeld berättar utförligt om ett par pilgrimers äfventyr med araberna (Arabes, Arabitæ) vid år 1065.

[2] Om skoliet ej är af Adam, kan det emellertid ej vara mycket senare. — Här kunde de norska anspråken på att ha grundat Normandiet få stöd, såvida ej intyget vore värdelöst, då det är så sent, och ej kan bero på annat än kombination.

10

146

under det att de förut voro hängifna åt trollkarlars skändliga konster, bekänna de nu med apostelen enfaldeliga Christum och honom korsfäst. De äro också de afhållsammaste af alla människor, i det att de såväl i mat som i seder visa den största sparsamhet och måtta. Dessutom hafva de för prester och kyrkor så stor vördnad, att den som icke gifver sin gåfva för hvar gång han hör messan, knappast anses vara en kristen[1].

Men denna ljusa tafla finner Adam fläckad endast af presternas girighet. Ty dop och konfirmation, invigningar af altaren och vigningar till prest (sacrorum benedictio ordinum) allt måste hos dem liksom hos Danerna dyrt betalas. Och detta, säger Adam, tror jag beror på presternas girighet, ty då barbarerna antingen icke förstå sig på eller icke vilja gifva tionde, så afpressas dem betalning för andra saker, som borde göras för intet. Ty äfven sjukbesök och begrafningar göras endast mot kontant betalning[2].

Alla Norvegias innevånare äro ifriga kristna med undantag af dem, som bo bortom polkretsen vid Oceanens fjärran belägna kust[3]. Dessa skola ännu vara så förfarna i magiska konster och besvärjelser, att de säga sig veta, hvad hvarje människa på hela jorden har för händer. De draga äfven med mäktiga trollsånger till stranden stora hvalfiskar, och mycket annat, som man i skriften läser om trollkarlar, är allt för dem mycket lätt att göra[4]. På ett annat ställe (II c. 55) omtalas att »tota barbaries» men i synnerhet Nor-

---

[1] Qui non cotidie obtulerit ad missam, quam audierit. *Adam* IV c. 30. Se *Jörgensen* s. 539. Att *dagligen* besöka messan, som Laurent öfversätter, torde väl svårligen låtit sig göra. Ordet cotidie synes ha saknats i den af *Suhm*, Hist. af Danm. IV 490 ff., använda handskriften.

[2] *Adam* ibid., *Jörgensen* s. 539 ff. Som bekant rönte tiondens införande i Norden stora svårigheter.

[3] *Adam* IV c. 31. Det är sålunda tydligt, att Adam till Norvegia räknar jämväl dess längst i norr belägna skattländer, Finnmarkerna.

[4] *Adam* ibid. Om lapparnes trollkonster se nedan kap. X.

vegia är uppfylldt af trollkarlar. Där bo både spåmän, tecknatydare, trollkarlar och besvärjare samt antikrists hela öfriga anhang. Enligt Adam (II c. 38) var konung Olof Tryggvason i hög grad hängifven åt sådana magiska konster.

I de vilda berg, som här ligga, har jag, fortsätter Adam, hört, att skäggiga kvinnor skola finnas, och att männen, som lefva i skogarne, sällan komma till synes. De använda de vilda djurens skinn till kläder och påstås, då de tala, snarare gnissla mod tändorna mot hvarandra, så att de knappast kunna förstås af sina närmaste grannar».

Tydligen igenkänna vi här en skildring af de i det nordligaste Norge boende lapparne, deras trollkonster och språk, enligt den i Norden rådande halft mytiska föreställningen om detta folk och dess finska grannar. Det synes mig dock ej omöjligt, att vi i de skäggiga kvinnorna återigen möta en förirrad skildring af de förut omtalade kvänerna[1].

Som Norges förste konung omtalar Adam (II c. 22) Haccon (Håkan den gode) »crudelissimus, ex genere Ingvar et giganteo sanguine descendens»[2].

* * *

I skol. 140 talas om det i Norden brukliga begrafningssättet. Beträffande hedningarnes begrafningssätt, säger här Adam, är det värdt att minnas, att ehuru de icke tro på kroppens uppståndelse, de likväl likasom de gamle romarne nedlägga stor omsorg på likbegängelser och grafvar. De lägga dessutom i grafven hos en afliden hans penningar

[1] I skol. 133 tillägges, att förutom andra monstra i de hyperboreiska bergen jämväl skola finnas gripar (gryphes). Uppgiften har Adam väl närmast från Isidorus, men har sannolikt också äfven i Norden hört berättelser om drakar, som i bergens grottor rufva på sina skatter. *Isidorus*, Etymol. XII, 2: Gryphes... in Hyperboreis montibus nascitur.

[2] Jfr ock *Adam* I 39, där han omtalar Ingvar, filius Lodparchi, som den grymmaste af alla vikingahöfdingarne.

148

(pecuniam) och vapen samt öfriga saker, hvarpå han under lifstiden satte värde; något som äfven berättas om Inderna [1]. Detta skall vara en gammal sedvänja hos hedningarne, ty i deras grafhögar plägar man ännu påträffa dylika ting; de förordnade nämligen, att med dem skulle högsättas deras skatter, nedlagda i amforer eller andra små vaser.

*   *   *

Hvad angår djurlifvet i norden har Adam jämväl ett par upplysningar. Som vi ofvan hafva sett, var Skridfinnarnes land mycket rikt på villebråd. Såväl här som i Sveonia fångas, berättar Adam, *uri, bubali* och *elaces*. Hvad beträffar de båda förstnämda är det märkligt, att såväl uroxen (bos primigenitus) som bisonoxen (bos bison) ännu på Adams tid sägas allmänt hafva lefvat i Sverige, till och med så långt upp som i Helsingland. De omtalas här i Norden så vidt jag vet ej af någon annan författare [2]. Med *elaces* menar Adam tydligen elgen. Att han däremot ej nämner renen, som redan Paulus Diaconus känner och Ottar utförligt omtalar, beror på att han som vi ofvan sett, om det nordligaste Skandinavien i allmänhet hade en mycket ofullständig kännedom. — Om *bäfvern* hade han dock hört talas [3].

Beträffande särskildt Norges djurarter säger Adam, att här finnas svarta räfvar och harar, hvita mårdar (martures) och björnar af samma färg, hvilka senare lefva i vatten (sub aqua) i likhet med uren [4]. Med svarta räfvar förstås den blå fjällräfven, om hvars dyrbara skinn redan Jordanes synes hafva haft kännedom, och den svarta haren är den i Norges sydligaste delar förekommande blågrå moharen. Att

---

[1] Något ställe i äldre förf. hvarpå Adam här kan syfta, vet jag ej.

[2] Att betvifla Adams uppgift synes dock vara obefogadt. Jfr *Quennerstedt*, Hvad torfmossarne förtälja, s. 10.

[3] *Adam* IV c. 21 pelles castorum.

[4] Härmed afser Adam säkerligen det förhållande, att uroxen gärna synes hafva uppehållit sig i sumptrakter.

isbjörnen den tiden omnämnes i Norge, är anmärkningsvärdt. Den omtalas för öfrigt därstädes långt senare, så t. ex. på den katalanska kartan, i Geographia Universalis och hos Higden.

* * *

Ett hos Adam synnerligen ofta återkommande geografiskt begrepp är de *Ripheiska bergen*, ett från antiken hämtadt namn, som Adam söker att rätt placera här uppe i Norden.

De Ripheiska bergen omtalas först af den lyriske poeten Alkman i sjunde århundradet före Kristus, och ehuru Herodot ej känner dem, insmögo de sig småningom i den geografiska litteraturen och beteckna än Alperna, än långt i öster liggande berg. Plinius synes identifiera dem med Karpaterna, men i allmänhet synes man hafva uppfattat dem som en vattenskillnad mellan Svarta hafvet och den i norr liggande Oceanen[1].

Martianus talar flerstädes om de Ripheiska bergen. Så säger han i lib. VI[2]: »Lycia, a qua incipit mons Taurus pene mediatenus orbis conscius, quem peragraret, nisi maria restitissent; qui aliquando flexuosus evadit et in Ripheorum montium juga sub diversitate nominum protenditur.» Med de Ripheiska bergen tänkte sig således Martianus en fortsättning af Taurus öster om Svarta hafvet. Mellan Svarta hafvet och de Ripheiska bergen förlägger han en mängd olika barbariska folk, »Getæ, Daci, Sarmatæ, Amaxobii, Troglodytæ, Alani, Germaniæque omnis tractus», samt längre in Auchætæ (där Hypanis,) och Neuræ (där Borysthenes upprinner) samt Geloni, Agathyrsi och bakom dem Arimaspi. Så komma de Ripheiska bergen »et regio caligantibus tenebris inumbrata». På andra sidan dem bo i norr Hyperboreer, mot öster Ariphæi gentes samt bakom dem invid Kaspiska hafvet, Cimmerii och Amazoner.

---

[1] *Bunbury*, Hist. of Anc. Geogr. I s. 103, 401 ff.

[2] *Martianus Capella*, ed. Kopp VI § 683 (de Arabia et Syria) — VI § 663 (de IV sinu Europæ).

150

Ungefär på samma sätt yttrar sig Solinus, och äfven Orosius synes hafva haft en liknande uppfattning[1]. Att Adam icke desto mindre förlade de Ripheiska bergen på norra sidan Östersjön är emellertid mycket naturligt, då vi erinra oss hans ofvan omtalade identifiering af Meotis och Östersjön.

Adam synes emellertid ej hafva identifierat de Ripheiska bergen med någon bestämd bergssträckning i Skandinavien, åtminstone ej med Kölen. Hans föreställningar om den norra delen af den skandinaviska halfön voro som ofvan påpekadt i hög grad sväfvande, och så äro i följd däraf äfven hans föreställningar om de Ripheiska bergen, som hos Adam synas omfatta alla aflägsna fjälltrakter i hela Skandinavien. Så mycket är emellertid om Adams uppfattning om de Ripheiska bergen tydligt, att han tänkte sig dem i öster bildande gräns mot såväl Sueonia som Nortmannia och åtminstone delvis belägna invid oceanens kust[2]. Förmodligen ansåg han dem i analogi med sina auktorer Martianus och Solinus fortsätta i en båge öster om Östersjön.

I de Ripheiska bergen upprinner, som vi sett, floden Gothelba, hvadan Adam med denna flod ej blott afser elfven från Venern till hafvet utan äfven Klarelfven. Här ligga också stora ödevidder och djup snö, som ligger kvar året om. Dessutom bo de här förut omtalade Amazoner, Kynocephaler och Cykloper samt gripar[3].

---

[1] *Solinus*, ed. Mommsen s. 97, 161, 107, 182. *Orosius* Hist. c. 14. Jfr också *Jordanes*, Getica V 32, 45, 54, 55, som alldeles tydligt identifierar de Rhipeiska bergen med Ural och tänker sig dem som en från norr till söder löpande bergskedja, som bildar gränsen mellan Europa och Asien. — I förbigående må anmärkas, att *Cosmas* af Prag, I c. 2, omtalar ett berg *Rip* mellan Eger och Moldau.

[2] *Adam* IV 21, 25, 30, 31, 36, skol. 132.

[3] Under den senare medeltiden tänkte man sig vanligen de ripheiska bergen belägna i mellersta Ryssland, och först Paulus Jovius och Miechow aflägsnade dem ur geografien såsom hörande till mytens område.

IX.

Vesterhafvet och där belägna öar. — »Nordpolsfärder».

Vi komma nu till sist till Adams framställning af Vester-
hafvet och däri belägna öar. Vesterhafvet, occidentalis ocea-
nus, af hvilket Östersjön är en mot öster inskjutande vik,
är enligt Adam en del af den hela jordkretsen omslutande
Oceanen. Det namn Adam vanligen gifver detsamma är
den Frisiska oceanen (Oceanus Fresonicus) eller den Britan-
niska, hvilket senare namn han dock endast känner från de
gamle författarne[1]. Ofta kallar han hafvet blott Oceanus,
något som han däremot aldrig gör t. ex. beträffande Öster-
sjön på grund af dess natur af innanhaf.

Vesterhafvet har, säger Adam, en ofantlig utsträckning
(latitudo) är förskräckligt och farligt. Det omsluter i vester
Britannia, och når i söder till Frisernas land och den del
af Saxen, som hör till vår hamburgska dioces. I öster har

Äfven Herberstein hyste efter sin *första* resa samma åsikt. Ulrich v.
Hutten berättar nämligen i sitt bref till Pirckheimer, att Herberstein
öfvertygat honom »non esse Ryphæos, non Hyperboreos montes» i det
att han »jurejurando adfirmat», att allt »frivola esse et conficta, quæ his
de montibus et opinentur homines et prodiderint veteres». Under sin
andra resa fick emellertid Herberstein den öfvertygelsen, att de Ripheiska
bergen voro identiska med de berg han hörde omtalas på andra sidan
om Petschora, således Ural. — *U. v. Huttens* bref ad Bilibaldum Pirck-
heymer. Augsb. 1518. *Herberstein*, Moscovia 1557, k. 4. *Major.* notes
npon Russia (Hakl. Soc.) II s. 43.

[1] *Adam* IV c. 10. Med *Oceanus Brittannicus* menades vanligen
under forntiden kanalen (Plinius IV 109), hvars smalaste del kallades fretum
Oceani (Tac. Agr. c. 40) under Medeltiden stundom *Euripus*, Ann. Bert.
841; hos några dock (Mela I 15, II 85) hela hafvet från norra Spanien.
Pauly-Wissowa Atlantis. — Namnet var dock säkerligen ej heller för
Norden främmande. *Saxo* (s. 470) och Hist. Norvegia har det, (Englandzhaf).
Storm, Mon. Norv. s. 72.

det danskarnes land, inloppet till det Baltiska hafvet samt Nordmannernas land, som bo hinsides Dania. Men i norr strömmar denna ocean förbi Orkaderna och omsluter i en väldig utsträckning jordkretsen, i det att den till vänster har Hybernia, Scoternas land, som nu kallas Irland, och till höger Nordmannias skär, samt längre fram öarne Island och Grönland.

Med Vesterhafvet menar Adam sålunda ej blott Nordsjön eller det af honom i egentlig mening så kallade Britanniska eller Frisiska hafvet[1] — utan jämväl hafvet rundt omkring Brittannien ända till Irland, således kanalen och Irländska sjön, samt slutligen det norr härom belägna hafvet, Nordatlantiska hafvet och Ishafvet. Då Adam tillägger Vesterhafvet en omätlig bredd (latitudo) tänker han naturligtvis på dess stora utsträckning från norr till söder. Dess sträckning i öster och vester är nämligen enligt Adams eget yttrande ej större än att färden mellan Dania och Brittannia går på tre dagar, under det att färden mellan Norge och Britannia öfver Orkaderna kan ske på endast två dagar. — Adam omtalar hafvet som »valde periculosum», ett epitet, som det äunu i dag väl förtjänar. —

I den Frisiska oceanen ligga, berättar Adam[2], gent emot Frisia och Dania åtskilliga öar, men af dem är ingen så värd att lägga på minnet som *Farria* eller *Heiligland* (Helgoland). Denna ö, som i den helige Willibrords lefverne kallas Fosetisland, skall först hafva återfunnits (primum repperisse) af Fyens bishop Eilbertus under flykt för sjöröfvare[3]; denne gjorde jämväl ön beboelig genom att där uppbygga ett kloster.

---

[1] *Adam* IV c. 10, II c. 50: Hoc mare magnum et valde periculosum a læva Orchadas habet, dextrorsum attingit Frisiam», således == Nordsjön. — Hos *Beda* (Hist. II c. 3) kallas Nordsjön mare orientale.

[2] *Adam* IV c. 3, skol. 104.

[3] Conversum a pyratis. Wattenbach öfversätter detta med en »omvänd sjöröfvare». Dock synes mig den vanliga öfversättningen vara att föredraga.

Öns läge skildrar Adam så, att den ligger långt ute i
hafvet utanför floden Albias mynning mellan Danernas och
Frisernas land[1] midt emot Hadeloa och Wesers mynning
och på ett afstånd af tre dagars roddarfärd från Anglia.
Dess längd är knappast åtta, dess bredd fyra milliaria. Ön
är mycket fruktbar och föder en stor mängd fogel och bo-
skap. Den saknar träd, hvarföre innevånarne använda strå
och vrakspillror till bränsle. På alla håll omslutes den af
branta klippor[2], som lämna fritt tillträde blott på ett ställe,
hvarest också finnes sött vatten; detta är en synnerligen
högt värderad plats för alla sjöfarande, men i synnerhet för
sjöröfvarne. Däraf har den också erhållit sitt namn, Heilig-
land. — Det säges, att sjöröfvare, om de någon gång där-
ifrån bortfört äfven den minsta sak som byte, antingen inom
kort lidit skeppsbrott eller dödats i strid och att ingen
ostraffadt återkommit hem. Därföre pläga de åt de där lef-
vande eremiterna med stor vördnad gifva tionde af sitt
byte.» — Då denna Adams skildring är den äldsta mera
utförliga som vi om Helgoland ega, skola vi här något när-
mare granska åtskilliga af uppgifterna om denna ö.

När Helgoland först omtalas, är omtvistadt. Man har
som bekant velat återfinna ön redan i den af Pytheas om-
talade bernstensön Abalus, men detta är i alla händelser
högst problematiskt[3]. Ännu osäkrare är identifieringen af
Helgoland med den af Plinius omtalade ön Actania, med
en af Ptolemæi tre saxiska öar eller slutligen den alldeles
omöjliga med Taciti Nerthusö, hvilken fortfarande rotlös

---

[1] Jfr Vita Willibrordi c. 10; Vita Liudgeri c. 22.

[2] Scopulis asperrimis. Det kan här ej gerna vara fråga om sand-
bankarne utan om själfva öns branta stränder, hvadan »unum aditum»
torde syfta på den på östra sidan om ön i klippan inhuggna väg, som
allt sedan äldsta tid ledde upp på ön. Jfr *Tittel*, Die Insel Helgo-
land 1894.

[3] *Hergt*, Die Nordlandsfahrt des Pytheas s. 34. *Müllenhoff*, D. A.
I s. 495 ff. förlägger Abalus i trakten af Eidermynningen.

flyter kring på Nordens haf. Tacitus är dock säkerligen den förste som verkligen omtalar Helgoland. I sin Germania omtalar han nämligen ett rykte, att Herkules stoder i Nordsjön funnos, och detta kan väl knappast syfta på något annat än de båda höga klippor, af hvilka Helgoland fordom bestod. De klippor, till hvilka Germanici flotta år 16 e. Kr. stormdrefs, torde möjligen också vara samma ö[1].

Sedermera omtalas ej Helgoland förrän i sammanhang med Willibrords historia. I dennes af Alcuin författade lefnadsbeskrifning, som äfven var bekant för Adam, omtalas ön under namnet Fosetesland. Här fanns ett tempel åt Fosete, och hela ön med där varande boskap var fridlyst. Fosetetemplet förstördes år 785 af biskop Liudger af Münster, som på konung Karls uppdrag besökte och omvände ön[2], men dennas rykte för helighet blef emellertid kvar, som vi se hos Adam, och kom där boende eremiter till godo. Sedermera uppbyggdes här ett monasterium af Fyens biskop Eilbert, och ön lydde till följd häraf en tid under Fyens stift, men lades sedermera till Slesvig[3].

Att Helgoland fordom haft mycket större omfång än nu, har länge varit en allmänt gängse åsikt. Emellertid är förhållandet det, att historien om Helgolands forna storlek uppkom först i slutet af 1400-talet och då på ren förfalskningsväg i politiskt syfte. Under en strid mellan hertigarne af Slesvig och Hansestäderna år 1496 om Helgoland[4] gjorde nämligen de senare gällande, att ön såsom belägen i öppna hafvet skulle likasom detta vara fri, hvarpå emellertid å

---

[1] *Plinius*, Hist. Not. IV c. 13. *Tacitus*, Germania c. 30. Ann. II c. 23, 24.

[2] *Vita Willibrordi* c. 10. *Vita Liudgeri* c. 22.

[3] *Jörgensen*, Den nord. kirkes. Grundl. s. 649.

[4] Petri Saxii Beschreibung d. Helgolandes 1638. Helgoland hade nämligen vid denna tid blifvit af betydelse på grund däraf att sillen gick upp vid dess kuster. Jfr *Danckwerth:* Newes Landesbeschreibung d. zwey Herzogth. Schlesw. u. Host. 1652. *Tittel*, Die Insel Helgoland s. 30 ff.

hertigarnes sida svarades, att det var »gans unstreitig und
aller Geographorum und Historicorum einhelliger Consens,
dass Helgoland juxta Ducatum Slesvicensem in Frisia minori
wäre belegen und für 1,000 und noch för weniger Jahren
mit Eyderstädt, Everschop und Utholm, im gleichem mit
Nordstrandt, sodenn Föhre, Silt und Amre eine contermini-
rende Region gewest, und dass die Einwohner solcher Lan-
den und Insulen nicht allein una eademque Frisiorum colonia
et populus unius gentis sondern auch dem Herzogthum
Schleswig schon vor 755 Jahren incorporirt worden.» Her-
tigarne segrade i striden och den genom deras grofva lögn
uppkomna sägnen om Helgolands forna storlek, understödd
af den i den understuckna Vita Suitberti hit förlagda Ursula-
legenden, bibehöll sig länge, upptogs slutligen af Mejer på
hans kartor[1] och kunde ända in på midten af 1800-talet
glädja sig åt en fullständig tilltro. Emellertid hafva Wiebel[2]
genom sin undersökning af destruktionskoefficienten och
Lauridsen[3] genom sina undersökningar om Mejers kartor
gjort slut på legenden, hvilken dock, som nyss påpekats, ej
som Lauridsen tror är ett falsarium af Mejer utan är betyd-
ligt äldre. — Att som t. ex. Reclus[4] utan vidare af Adams
uppgifter draga den slutsatsen, att Helgoland på hans tid
var betydligt större än nu, låter sig ej heller göra, då dels
dessa säkerligen ej grunda sig på egna iakttagelser, dels
man ej säkert vet hvad Adam menade med ett milliarum.
Ett romerskt milliarum var som bekant 1,000 passus eller
tvåtusen steg, men det är ej omöjligt, att Adam med passus

---

[1] Dessa finnas i nyssnämda arbete af Danckwerth. Om Vita Suit-
berti *Wattenbach* I s. 133. I ett skol. hos *Adam* (141) omtalas de 11,000
jungfrurna, men förlägges till skridfinnarnes land.

[2] *Wiebel*, Die Insel Helgoland 1848. Redan 1830 påpekade *Lap-
penberg* i ett föredrag om Helgolands forna omfång och historia hufvud-
punkterna af sägnens uppkomst. *Tittel* s. 5.

[3] *Lauridsen*, Mejers Kart. over Helgol. (D. Geogr. Tidskr. 1887—88).

[4] *Reclus*, Nov. Geogr. Univ. III 737.

menade vanliga steg, i hvilket fall hans uppgift temligen noga skulle öfverensstämma med verkliga förhållandet före 1720, då förbindelsen med dünen afbröts.

Den collis unicus, som Adam på ön omtalar, anser Maack[1] vara den höga kalkklippan på sanddünen. Sannolikt menar Adam dock det 60—66 meter höga Oberland. — Af den källa som såväl Vita Villibrordi och Vita Liúdgeri som Adam på ön omtala finnes ej nu något spår[2].

Den boskap, som såväl i Vita Villibrordi som hos Adam på ön omtalas, torde väl hafva utgjorts af får, hvilket möjligen gifvit anledning till det hos Adam använda namnet på ön, hvilket hos ingen annan författare återfinnes, nämligen Farria, ett namn som möjligtvis kan betyda »fårön»[3].

* * *

Vesterut omsluter det Brittanniska hafvet ön *Brittannia*, som nu kallas Anglia, hvilken ö ligger på ett afstånd af tre dagars färd från Helgoland eller från Dania, hvarest Ripa är utgångspunkten för dylika färder.

Ehuruväl Adam synes med Britanniens förhållanden vara rätt väl bekant, lämnar han oss ingen geografisk skildring af detta land. Han gör endast ett kort utdrag ur Beda, som nästan ordagrannt anföres. — Hvad Brittanniens läge beträffar, vill det synas, som om han förlade det något för långt mot norr[4].

Vester om Brittannia ligger *Hibernia*, skoternas land,

---

[1] *Maack,* anf. arb. s. 116. · Denna kalkklippa förstördes fullständigt af en stormflod år 1720.

[2] Ännu på 1500-talet omtalas »suavissimi fontes». Säkerligen afses härmed dock de i sanddynen gräfda brunnarne där regnvatten samlade sig. *Tittel* 146.

[3] Namnet är osäkert. Jfr *Maack* anf. arb. *Jörgensen* s. 649 anser möjligt att den ö, som Eilbert upptäckte, kunnat vara Föhr, och att Adam sammanblandat den med Helgoland. Så äfven *Bernard* s. 77. — *Schwerins* arbete om Helgoland har jag tyvärr ej varit i tillfälle att se.

[4] *Adam* II c. 50; skol. 20. [Från *Beda* Hist. Eccl. I c. 1]; skol. 97.

som nu kallas Irland[1]. Ej heller om detta land har Adam några egna uppgifter utan anför äfven här Bedas ord med någon förändring. Det sträcker sig, säger han längre mot söder midt emot Hispaniens nordligaste hamn, hvarvid Adam sannolikt tänker på den i skol. 96 omnämda Far juxta S:t Jacobum. I olikhet med Beda synes Adam jämväl ansett Hibernia sträcka sig betydligt långt mot norr, hvilket möjligen kan bero på någon slags sammanblandning med Skotland[2].

* * *

Beträffande *Orkaderna* anför Adam först Marcianus' och Solinus' yttrande om dessa öur[3]. »Orcaderna», fortsätter han därpå, »hvilka barbarerna kalla Organas, ligga i likhet med Cykladerna kringströdda i Oceanen emellan Nordmannia, Brittannia och Hibernia och hele skämtande den brusande Oceanens hot. De skola ligga på en dagsresas afstånd från Nortmannernas stad Trondemnis, och lika långt lär afståndet vara från Orkaderna, om man härifrån vill segla till Anglia eller Scotia.»

Med Orkaderna, som först hos Mela[4] omtalas, menade de antika författarne Shetlands- och Orkneyöarne, och detsamma synes jämväl Adam mena. — Öarne återupptäcktes och befolkades af irländska munkar, och lydde sedermera, såsom Adam jämväl omtalar, under Anglernas och skoternas biskopar. »Numera har emellertid», tillägger han, »på påf-

---

[1] *Adam* skol. 20; VI c. 10, 34. *Beda* ibid.

[2] Adam omtalar ingenstädes detta land. Den af *Lappenberg* (Archiv VI s. 887 ff. meddelade gamla geografiska uppteckningen om »insule britannicæ», som Laurent låter följa sin öfversättning af Adam, kan naturligtvis ej härröra från denne. — Att Adam, som Maurer tror, anser Skotland och Irland vara fullt identiska, är dock knappast troligt. *Maurer*, Bekehrung IV s. 584.

[3] *Adam* IV c. 34. *Solinus* c. 22. *Marcianus* (ed. Kopp) s. 666.

[4] *Bunbury*, Hist. of Anc. Geography II 361. Orkadernas namn af en nordisk sälart, Orka (phoca leonina).

158

vens befallning vår primas insatt Turolf som biskop i staden *Blascona* för att sörja för alla öarne.» Att vid denna tid på öarne inrättades ett biskopsdöme är fullkomligt riktigt. Det utverkades nämligen vid midten af 1000-talet af Thorfinn Jarl vid ett besök i Rom. Stället, där biskoparne bodde, var jarlsgården, det nuvarande Birsa, i sagorna kalladt Birgeshered. Namnformen Blascona, som hos Adam förekommer, anser Jörgensen[1] bildadt af ett nordiskt Blåskogum. Det var först senare som biskopssätet flyttades till den östra delen af ön, till Kirkevåg, det nuvarande Kirkwall.

* * *

Vid Orkaderna slutar det egentliga Friesiska eller Brittanniska hafvet och norr därom börjar den öppna Oceanen[2]. Men innan vi följa Adam längre mot Norden skola vi något nämna om det intressanta 96:te skoliet, som innehåller en kort segelanvisning för en färd från Danmark till Palestina. Det heter här:

»Från Ripa kan man segla till Cincfal i Flandria på två dagar och lika många nätter; från Cincfal till Prol i Anglia på två dagar och en natt. Detta är Anglias sydligaste udde och färden dit från Ripa går mot sydvest. Från Prol till S:t Mathias i Brittannia seglar man på en dag, därifrån till Far vid S:t Jacob på tre dagar och tre nätter, därifrån till Leskebone på två dagar och två nätter och färden går hela vägen (sc. från Prol) mot sydvest. Från Leskebone till Narvese på tre dagar och tre nätter

---

[1] *Jörgensen*, Den nord. Kirkes Grundl. s. 712: Navnet betegner en oprindelig ødemark. — *Lappenbergs* hänvisning på ett isländskt Blåskog är lika osannolik som *Langebeks* (S. R. D. III s. 249) förmodan att Adam »hallucinari in nomine Glascoe sive Glasgow, sædis primum episcopalis postmodum archiepiscopalis in Scotia».

[2] *Günthers* (Ad. v. Br. s. 49) undran om hvad Adam afser med Elektriderna, som han IV 34 omtalar, är obehöflig, då Adam ej gör ett försök att lokalisera dem, utan endast nämner deras namn efter Marcianus.

mot sydost. Från Narvese till Arragun på fyra dagar och fyra nätter mot nordost. Från Arragun till Barzalun på en dag, likaledes mot nordost. Från Barzalun till Marsilia på en dag och en natt nästan rakt emot öster, likväl med en liten böjning mot söder. Från Marsilia till Mezcin på Sicilia på fyra dagar och fyra nätter mot sydost. Från Mezcin till Accharon på 14 dagar och lika många nätter mot sydost i det man dock mera närmar sig öster.»

Hvad först beträffar de här anförda ortsnamnen äro de i allmänhet lätta att identifiera. Prol är Prawle i Devon, Mathias Mathieu i Bretagne, Far Ferrol vid S:t Jacob de Compostella, Leskebone Lissabon, Narwese (Njörwasund) Gibraltar sund, Arragun Tarragona och de öfriga äro ännu lättare igenkänliga.

Vanligen vill man göra detta skolion mycket yngre, men jag ser dock intet skäl att förlägga det till någon annan tid än Adams; ej heller inser jag någon absolut nödvändighet att frånkänna honom författareskapet. I alla händelser är det alldeles oriktigt att i likhet med Langebek[1] förlägga det så långt fram som till år 1270.

Denna segelanvisning är emellertid märklig, då den otvetydigt visar, att sjöfärder från Norden till Palestina vid denna tid ej blott då och då utfördes, utan voro vanliga. — I Günthers yttrande[2] om »die Ganze Misère der

---

[1] *Langebek*, S. R. D. V 622. Som ofvan påpekats spärrades, Cinkfal redan 1180 af dynerna, hvadan sålunda skoliet ej kan vara yngre än från denna tid.

[2] *Günther*, Adam 13 n. 3. — Bremen besöktes ofta enligt Adam af mycket långväga resande. Särskildt omtalas (III Bih.) biskop Bovo, som tre gånger skall hafva varit i Jerusalem och en gång som fånge förts till *Babylonien*. Hvad Adam härmed afser, kan jag ej bestämdt afgöra. Adams samtida, Lambert, synes med Babylonien mena kalifatet i Bagdad, under det att i nästan alla andra medeltida krönikor, som jag genomgått, med Babylonien menas *Egypten eller dess hufvudstad Fostat*. Den förste, hos hvilken, efter hvad jag kunnat se, Babylonien har denna egendomliga betydelse, är *Gregorius af Tours*, Hist. I c. 18.

Kompasslosen Küstenschiffahrt» kan jag ej instämma. Att man seglade direkt öfver Biscayaviken och från Messina till Acre visar väl att man ej fruktade öppna sjön. Visserligen saknade man ännu kompassen, men man seglade här i Norden efter polstjärnan. Att man lade till vid de stora handelsstäderna är naturligt nog, och särskildt att man följde den norra Medelhafskusten efter berodde säkerligen också på fruktan för sjöröfvarne i söder[1].

Skoliet är dessutom intressant, då det kan anses som en af de första till vår kännedom komna läskartböcker, som sedermera så ofta användes af sjömännen på de nordiska hafven i stället för de längre söderut använda portulanerna. Sådana segelanvisningar voro nämligen i bruk långt före kompassens användande, på 1100- och 1200-talen. Kompassen kom ej här i bruk förrän tidigast i slutet af 1200-talet. Den omtalas i Norden först hos Heinrich v. Krolewitz omkring 1248[2].

---

[1] Om segling efter nordstjärnan se *Thietmar* af Merseburg, Chron. VII c. 26. — *Heyd*, Gesch. d. Levanteh. I s. 103.

[2] Se *Langebek* S. R. D. V. 623. *Allgem. Deutsche Biogr.* 17, 179. — Jfr om segelanvisningar *Ahlenius*, Ol. Magnus s. 71—80, som dock här har en oriktig uppgift, som jag anser skäl att påpeka. Han säger nämligen, att man först i slutet af 16:de århundradet lärde känna kompassens missvisning, och att man vid förfärdigandet af portulankartor ej kände densamma. Förutom att denna åsikt synes bero på missförstånd af källorna må erinras, att man a priori ej kan tilltro de skickliga katalanska och italienska sjömännen oförmåga att afläsa en flere graders vinkel. Missvisningen omtalas för öfrigt som bekant af Columbus. Denne har emellertid ej, som ibland uppgifves (t. ex. *Ruge*, Cristoph Columbus s. 157), *upptäckt* densamma — ty den var säkerligen känd i sekel före honom — det hans piloter upptäckte, var att kompassen hade *vestlig* missvisning, under det man i Europa aldrig erfarit annat än *östlig* (Peschel-Ruge s. 216). Columbi stora upptäckt var sålunda, att missvisningen ej, som man dittills tyckes hafva trott, var *konstant* utan *vexlade*. Att man vid förfärdigandet af kompasskartor ej tog hänsyn till kompassens missvisning beror helt enkelt därpå, att kartorna då bättre fyllde de praktiska behof, för hvilka de voro afsedda. — I förbigående må anmärkas, att ifrågavarande missuppfattning hos Ahlenius förorsaka en i viss mon oklar upp-

Vi skola nu återvända till Adams skildring af hafvet längst i norr och de i detsamma liggande öarne. Detta haf har hos de antika författarne flere olika namn, såsom oceanus septentrionalis, Amalchius o. s. v. Det norr om polkretsen belägna hafvet kallades ofta med ett särskildt namn efter den gud, som de gamle tänkte sig herska öfver den norra kalla zonen, Kronos eller Saturnus, för Kronos haf, *mare cronium*, och man tänkte sig detta som ett mörkrets och köldens hemvist, stelt och orörligt, »pigrum et prope immotum» för att tala med Tacitus.

Dessa föreställningar, som genom Pytheas bekanta »hafslunga»[1] fingo en anstrykning af något märkvärdigt och mystiskt, gå naturligtvis igen hos Medeltidens författare, såsom hos Beda (congelatum) och Hrabanus Maurus (pigrum et concretum) m. fl. Men äfven i den germanska sagan återfinnas liknande föreställningar[2] och det vill synas, som om Adam härvidlag från detta håll tagit starkare intryck än från den antika föreställningen. Vi få härtill senare återkomma, och fästa oss här blott vid *Liberse*, hvilket namn Adam i skol. 144 ger åt det omkring Orkaderna belägna hafvet. »Om den Brittanniska oceanen, säger här Adam,

fattning af Olai Magni karta och dess sneda gradering, hvilken senare helt enkelt beror därpå, att då man skulle gradera en kompasskarta, som naturligtvis hade kompassnorr rakt upp, måste graderingen bli *jämt så sned som missvisningen var stor.* Då nu denna enl. författaren på Olai tid i Norden var 12 grader, är det lätt att förstå, hvarför kartans gradering är just *12 grader sned.*

[1] Hvad denna beträffar, synes mig *Nilssons* uppfattning ej osannolik. Pyteas såg här något som liknade en hafslunga (pneumon thalassios). En hafslunga var således något för massalioterna bekant, enligt Nilsson en manet. Pyteas såg sålunda något, som liknade en massa maneter, och det kan således ej hafva varit dimma eller något dylikt, som för öfrigt ej var någonting i södern alldeles okändt utan snarare just det af Nilsson skildrade isfenomenet. *Sv. Nilsson*, Skandinaviska nordens ur-invånare, II s. 78 ff. 140 ff.

[2] Jfr *Bartsch*, Herzog Ernst, 145 ff. *Rydberg*, Germansk Mytologi I 233 ff.

11

162

förtälja sjömännen många underliga ting, nämligen att hafvet
omkring Orkaderna är så tjockt och styfnadt af hafssaltet
att skeppen endast af storm kunna föras framåt, hvarför
också detta haf på vårt språk kallas Liberse.»

Sagan om lefverhafvet, som under Medeltiden synner-
ligen ofta återkommer, möter oss först vid denna tid dels
hos Adam och dels i den tyska dikten Merigarto[1]. Man
tyckes numera vara temligen ense om att den på lärd väg
uppkommit genom öfversättning af Isidors ord om »mare
mortuum». Det synes mig emellertid vara så många ur-
sprungliga drag i sägnen att jag ej vet, hvarföre man skall
frånkänna den germanskt ursprung. Öfversättningen af mare
mortuum med Lebirmeri synes för öfrigt förutsätta, att detta
ord förut fanns och naturligtvis äfven hade någon betydelse.
Dessutom må påpekas, att Adam uttryckligen säger att sjö-
män omtalat historien, hvilket ju tyder på ett mera folkligt
ursprung[2].

* * *

Vi komma nu till Adams *Thyle*. Som bekant är detta
ett i den gamla geografien ständigt återkommande namn på
ett längst i norr beläget land[3]. Redan under forntiden
herskade de mest olika föreställningar om detta land. Strabo
anser det vara en af Pytheas hopsmidd lögn, Tacitus iden-
tifierar det med en ej långt norr om Brittannien liggande

[1] Se *Müllenhoff* und *Scherer*, Denkmäler Deutscher Poesie u. Prosa.
Berlin 1864, s. 347 ff. 69: »Ein mere ist giliberôt in demo uentilmere
westerôt» o. s. v. — Jfr också *Tacitus*, Agricola c. 10, 11 och *Jordanes*
Getica II, 12, som omtalar hafvet omkring Brittanien som ett mycket
trögt haf, som ej upproäres af vindar.

[2] *Adam* IV 34. skol. 144.

[3] Om hvilket land Thule var se *K. Ahlenius*, Pytheas Thuleresa
(Ups. Univ. Årsskrift 1891—1894). *Hergt*, Die Nordlandsfahrt des Pytheas.
Halle 1893. Att Thule är att söka i Skandinavien synes mig otvifvel-
aktigt ehuruväl Hergts framställning för öfrigt lemnar åtskilligt att önska.

ö, sannolikt Shetland, o. s. v. Senare ger Procopius nam-
net åt Skandinavien[1] och slutligen öfverflyttas det af Dicuil
på ett ännu nordligare land, nämligen det nyupptäckta Island.

Denna åsikt, att Thule är Island, återfinna vi jämväl
hos Adam. Efter att hafva anfört, hvad Orosius och Beda
haft att förtälja om Thule, fortsätter han[2]: »Detta Thyle kal-
las nu Island, af isen som fjättrar oceanen.» Huruvida
Adam emellertid känt till *Dicuils* berättelse, torde vara osä-
kert. Lappenberg[3] är visserligen böjd att antaga detta, men
några skäl därför har han ej att förebringa. Att Adam från
Dicuil skulle fått sin åsikt om Thyles och Islands identitet
synes mig emellertid högst osannolikt. Det är till och med
föga troligt, att han, *om* han öfverhufvud taget kände till
Dicuils berättelse om Thule, skulle förstått, att denne menade
Island, och ifall han det gjort, skulle han tvifvelsutan på
något sätt hafva antydt dennes märkliga berättelse. Ännu
omöjligare är emellertid att, som Günther[4] är böjd att göra,
antaga en gemensam källa för Dicuil och Adam. Dicuil
stöder sig som bekant på muntliga berättelser af munkar,
som besökt den ifrågavarande ön. Säkerligen har Adam
själf gjort ifrågavarande kombination, hvilket ju för öfrigt
låg mycket nära till hands, då han ansåg Island vara jord-
kretsens yttersta land (III, Bih.).

Sina underrättelser om Island har Adam säkerligen till
större delen erhållit genom ärkebiskop Adalbert, som någon
tid före Adams ankomst till Bremen hade haft ett synner-
ligen godt tillfälle att om den aflägsna ön i Nordhafvet
inhemta noggranna upplysningar. Till erkebiskopen hade

---

[1] Öfversättaren af Procopius i Geschichtschreiber d. deutsch. Vorzeit
anmärker vid Thule utan vidare: Island!

[2] *Orosius* I c. 1. *Beda* de temp. rat. c. 31, — *Adam* IV c. 35.

[3] *Lappenberg*, Archiv VI s. 991. — Bland annat bör man lägga
märke till, att Dicuil förlägger Thule i nordvest om England, under det
Adam förlägger det i norr eller t. o. m. något mot nordost. *Adam* IV c. 39.

[4] *Günther*, Adam v. Bremen s. 11.

nämligen, berättar Adam, från Island skickats en mycket
helig man vid namn *Isleph*, hvilken en längre tid kvarhölls
med stor ära hos Adalbert, som lärde honom, hur han bäst
skulle undervisa de nyomvända folken, hvarpå han vigde
honom till biskop öfver Island och som det vill synas också
öfver Grönland[1]. Af denne Isleph eller Isleif Gissurson,
den mest betydande af Islands äldre biskopar[2], fick Adalbert
naturligtvis veta åtskilligt om ön, och af honom har som
sagdt säkerligen Adam erhållit sina upplysningar.

Islands läge beskrifver Adam (skol. 147) så, att till
denna ö ifrån Brittannien är en färd af nio dagsresor; Från
Alaburg i Dania går resan på en månad, men om vinden
är gynsam, på ännu kortare tid[3]. Från Nordmannia kan
man segla dit på fem eller sju dagar.

Ön är af betydlig storlek och har många innevånare,
som nära sig genom boskapsskötsel och kläda sig af djurens
skinn; där finnes nämligen inga åkerbruksprodukter och
föga träd, hvadan innevånarne bo i underjordiska hålor och
dela tak och läger med sina husdjur. I det att de sålunda
i enkelhet föra ett heligt lif, då de ej begära något mer än
naturen gifver dem, kunna de gladeligen med apostelen
utropa: Då vi hafva kläder och föda, låtom oss därmed nöja.
Ty deras berg äro deras värn (montes suos habent pro oppi-
dis) och deras källor äro dem till en stor förnöjelse. Lyck-
ligt i sanning detta folk, hvars fattigdom ingen afundas, och
däri allra lyckligast, att de alla nu antagit kristendomen.
De hafva utmärkta seder och så stor brödrakärlek, att de

---

[1] *Adam* IV c. 35, III Bih. Per quem transmisit archiepiscopus
suos apices populo Islanorum et Gronlandorum.

[2] Ej Islands förste biskop som *Thoroddsen*, Oversigt over de geogr.
Kundskaber om Island, (D. Geogr. Tidskr. 1889—90, s. 116) uppger. Se
Jörgensen, s. 697 ff.

[3] Det kunde gå på omkr. 11 dagar. Jfr *Adam* IV c. 32, 36. Seg-
lingen från Norge till Island gick äfven enligt sagornas uppgifter på
ungefär samma tid, sju dagar, stundom blott fyra. *Tuxen* s. 74 ff.

hafva allt gemensamt, såväl med hvarandra som med främlingar. Sin biskop vörda de som en konung; hans vink lyder hela folket. Hvad han efter Guds vilja, efter skriften eller andra folks sedvänja beslutar, gäller för dem som lag[1]. Redan innan de antagit kristendomen skilde de sig emellertid genom sin naturliga lag föga från vår religion».

Om man bortser från Adams något patetiska uttryckssätt, kan det ej nekas, att denna skildring visar en ingalunda obetydlig kännedom om Island och dess förhållanden, dess trädlöshet, olämplighet för jordbruk, boskapsskötsel, »jordhus» och republikanska författning, innevånarnes gästfrihet o. s. v. I talet om de källor, som innevånarne hade pro deliciis torde man också kunna se en antydan om de varma källorna på Island.

Beträffande *vulkanismen* på Island synes Adam äfven hafva hört något, att döma af en något besynnerlig berättelse som hos honom förekommer. »Beträffande isen, så heter det nämligen hos Adam, berättas något som är värdt att minnas, nämligen att den är så svart och torr af ålder att den brinner, då den påtändes.» Det är ej omöjligt[2] att

---

[1] Hos dem finnes, tillägger skol. 150, ingen konung, endast lagen »et peccare nefas, aut pretium mori» (Horatius, Carmina III 24). Om de isländska biskoparnes ställning se *Jörgensen* s. 700.

[2] *Bernard* (s. 33) har en annan hypotes, att här nämligen syftas på torfbränningen; men denna var icke någon obekant sak i Tyskland; den omtalas här t. o. med i arabiska berättelser från 900-talet. *Georg Jacob*, Ein arabischer Berichterstatter aus dem 10 Jahrh. (Berlin 96) s. 22. — Snarare skulle man vilja tänka, att sägnen uppkommit genom några förvirrade berättelser om den med drifisen medföljande *drifveden*.

Sägnen om den brinnande isen förekommer också i dikten Merigarto:

»fon din wirt daz îs dâ   unzi diu christalla irgluot.
zi christallan sô herta,   dâmite machint sî iro ezzan
sô man fiur dâr ubera machôt,   unt heizzint iro gadam.

Äfven i den ofvan omtalade geografiska skildringen af de brittanniska öarne omtalas detsamma och med nästan samma ord som hos Adam. Här berättas också, att Isländarne äro goda kristna, att de om vintern bo i underjordiska hålor m. m.

här åsyftas några egendomliga företeelser, som förekomma
vid vissa vulkaniska utbrott på Island, och som på något
sätt liknat brinnande is[1].

Af orter på Island omtalar Adam endast *Scaldholz,*
Skalholt, Islands »civitas maxima». Anledningen att detta
omtalas, var naturligtvis att det var Islejfs gård. Det blef
med honom biskopssäte[1].

* * *

»Äfven andra öar», säger Adam, »finnas i Oceanen, och
af dessa är ingalunda *Gronland* den minsta.» Dess läge
skildrar han så, att den ligger djupare in i Oceanen, midt
emot Suedias berg eller den Ripheiska bergskedjan. Den
ligger för öfrigt på lika långt afstånd från Norge som Is-
land, nämligen sju dagsresor. Det är sålunda tydligt att
Adam tänker sig Grönland såsom liggande *norr* och ej
vester om Island, snarare öster om denna ö.

Att Grönlands innevånare äro gröna (cerulei) af hafs-
saltet, och att ön däraf fått sitt namn, är säkerligen blott en
kombination af Adam själf[3]. Om innevånarne, hvarvid Adam
naturligen tänker på de ditflyttade nordmännen och ej på
eskimoerna, säger han vidare, att de lefva på samma sätt
som isländarne (Islanis), men äro grymmare och idka sjö-
röfveri. För öfrigt omtalar han att kristendomen för ej så
lång tid sedan skall hafva förts till den aflägsna ön.

* * *

»Af samma storlek som de förut omtalade öarne är»,
säger Adam[4], »den tredje ön, *Halagland,* som ligger när-

---

[1] Häremot kan dock erinras, att det ser ut, som om det hos Adam
vore fråga om *hafsisen.*

[2] Se *Jörgensen* s. 698; *Hist. Norw.* ed Storm s. 20.

[3] *Adam* III c. 36. — Det kan dock förtjäna nämnas att hafvet
vid Grönland verkligen har en mycket intensiv grön färg. *Reclus* N. G.
U., Amerique boreale s. 125. —

[4] *Adam* IV c. 37.

mare Nortmannia. Här ser man under fjorton dygns tid vid sommarsolståndet ständigt solen öfver horisonten (super terram), men saknar under lika lång tid vid vintersolståndet dess ljus. Af denna omständighet ville äfven Adam förklara landets namn. »Barbarerna», säger han, »som ej förstå orsaken, kalla sällt och heligt det land, som visar människorna ett sådant under.» Det behöfver knappast påpekas att denna härledning af namnet endast är en hypotes af Adam, ty Halagaland har som bekant intet etymologiskt samband med ordet helig. Det är nämligen likaså klart, att Adam åsyftar det norska landskapet Halogaland. Att han, som Günther [1] menar, skulle åsyfta Helluland är rent nonsens, och hans åsikt skulle ej behöfva bemötas, såvida den ej tagits för god af andra författare. Att Günther kunde falla på en sådan idé, beror därpå, att han, som not 4 å sid. 52 visar, ej kände tillvaron af det norska Halogaland. Skulle ändock något tvifvel finnas, att Adam menar detta landskap, häfvas de till fullo af Adams ord i skol. 152, där han anför andra sagesmäns utsago, att Halagland är den bortersta delen af Nortmannia. Anledningen till att Adam kunde uppfatta det som en ö var väl den att han aldrig hört talas om annat än *sjöfärder* nordpå till Halogaland. Möjligen står uttrycket: »asperitate montium et frigoris inaccessibilis», för att förklara, hvarför man ej kunde ditkomma landvägen. Berättelsen om att man 14 dygn såg solen öfver horizonten passar naturligen ej alls på det sydligare belägna Helleland, men däremot synnerligen väl på Halogaland. — Till slut må som en egendomlighet omnämnas, att Halagaland (Helga Land) förekommer som en från det sydligare Norge skild ö äfven på en karta från det sextonde århundradet [2].

* * *

[1] *Günther*, Adam v. Bremen s. 53: »Halagland ist zweifellos jener Landstrich Amerikas, der gewöhnlich Helleland genannt wird.»

[2] Will. Boroughs karta i Early Voyages and Travels to Ruzzia and Persia (Hakl. Soc. 1886) vol. II s. 254. — Se ock *Olai Magni* karta.

Till sist kommer Adam till en annan märklig ö i Oceanen, nämligen *Winland*. »Dessutom berättade mig danskarnes konung», säger han[1], »att i den omtalade oceanen af flere påträffat en ö, hvilken kallas Winland, emedan där växa vilda rankor, som bära ett utmärkt vin. Och där växer äfven i öfverflöd säd osådd, hvilket jag vet, icke genom något löst rykte, utan genom danskarnes bestämda försäkran.»

Denna berättelse om den af skandinaverna upptäckta kontinenten i vester är af intresse såsom den äldsta underrättelse härom som vi ega, och på samma gång nästan den enda, som den icke specielt skandinaviska litteraturen under Medeltiden ger oss om detta land.

Hvar i oceanen Vinland enligt Adams yttrande är beläget, kan ej afgöras. Att döma af det följande uttrycket kunde det synas, som om Adam tänkt sig det beläget ännu längre mot norr än både Island och Grönland, åtminstone norr om Halagland. Emellertid synes mig ej osannolikt, att detta yttrande, som ej här förekommer i Wienerkodexen, antagligen i de öfriga handskrifterna af ett misstag inskjutits på detta ställe i stället för omedelbart efter Island, där det borde hafva haft sin plats. Den här förekommande hänvisningen till Martiani yttrande om hafvet norr om Thile visar nämligen, att Adam haft denna ö[2] och ej Vinland i tankarne. Om Vinlands läge finna vi hos Adam således ingenting annat än att det *var en i den vestra oceanen belägen ö*.

Beträffande Adams Vinland är därjämte att märka, att denna ö ej i likhet med Island och Grönland omtalas som bebodd. Hans ord »a multis repertam» tyda tvärtom på att Vinland, hvilket jämväl af alla öfriga uppgifter framgår,

---

[1] *Adam* IV c. 38.

[2] Det synes för öfrigt knappast troligt, att den danske konungen, hvilken Adam här uttryckligen anför som sin källa, skulle förlägga det ishöljda hafvet just på andra sidan om *Vinland*.

aldrig koloniserats utan endast upprepade gånger tillfälligt besökts af nordmännen[1].

Traditionerna om Vinland försvunno, som det vill synas, äfven i Norden ganska tidigt för att först fram emot slutet af Medeltiden återupplifvas[2]. Att araberna, exempelvis Idrisi, såsom ännu Peschel-Ruge förmodar, haft någon kännedom om Vinland det goda, är säkerligen, som Storm påpekat, oriktigt, och denna åsikt beror blott på en felaktig öfversättning af det arabiska uttrycket[3]. Ej heller omtalas landet någonstädes i den medeltida litteraturen under de följande århundradena. Visserligen nämnes i densamma stundom ·ett land Vineland eller Wyntlandia, så exempelvis i Geographia Universalis, Eulog. Historiarum samt hos Higden, såväl i hans kosmografi som på hans karta, men det är emellertid af den härvid lämnade beskrifningen på ifrågavarande land alldeles tydligt, att härmed ej kan åsyftas något land i vester utan helt enkelt Finland eller Finnmarken[4]. Däremot tror

[1] Jfr *Storm*, Studier over Vinlandsrejserne (Årbøger f. nord. oldk. 1887), där alla uppgifter om Vinland finnas sammanställda och kritiskt granskade. Som bekant är Storm af den åsikten, att Vinland ej kan sökas längre i söder än vid Nova Scotia, hvars natur och växtverld noga skall motsvara, hvad man hos Adam och i sagorna får veta om Vinland.

[2] *Storm* anf. arb. Den segslitna frågan huruvida Kolumbus känt till berättelserna om Vinland är knappast värd det myckna arbetet, då hans upptäcksfärd hvilade på helt andra förutsättningar. Hans besök på Island, hvarpå hypotesen grundar sig, har troligen aldrig egt rum. Jfr *Harisse*, Christoph Colomb I s. 112 ff. Se också *Storm*, Columbus på Island (N. G. S. Årb. 1893).

[3] *Storm*, Vinl. s. 362 ff. Däremot omtalar Idrisi Irland (Birlanda, Rislanda) ehuru han om dess läge har en oriktig föreställning. *Peschels* anmärkning (Gesch. d. Erdk. s. 105), att ön Reslanda norr om Skotland ej är Island utan snarare det medeltida Frieslanda är oriktig enär det medeltida Frisland just är Island och ej Färöarne. *Zenikartans* Frisland är däremot en kompilation af såväl Frisland som Olai Magni Fare-grupp.

[4] Jfr *Higden* Polychr. I c. 31. *Eulog. Hist.* IV c. 91 (i S. R. B.) — Huru *Peschel-Ruge* (s. 87) kan tro, att Albertus Magnus med de hos honom anförda orden syftar på Vinland förstår jag ej. Lika litet har jag,

jag mig på ett annat ställe verkligen hafva funnit spår af
att berättelserna om Winland kommit utom de nordiska
länderna, nämligen i den förut omtalade tyska dikten Me-
rigarto. Här talas nämligen om *Islant,*

>»da'r michilin richtuom vant,
>mit melwe jouh *mit wine,*
>mit holze erline» o. s. v.,

och dessa ord torde näppeligen kunna förklaras på annat
sätt än att den tyske diktaren förmodligen af isländingar,
som talrikt besökte fastlandet[1], hört talas om den vinbärande
ön i Nordhafvet och då uppfattat dessa berättelser, som om
de gälde Island.

*   *   *

Vi återvända emellertid till Nordhafvet. Som vi ofvan
hafva sett, ger Adam åt detsamma epitetet *caligans,* den
töckniga oceanen, ett namn, som säkerligen beror på ger-
manska och ej från antiken hämtade föreställningar. Strax
bortom Island tager detta haf sin början. Invid Island,
säger Adam, (IV c. 10, 38, skol. 149), ligger det skummande
(fervens) och töckenhöljda Ishafvet (oceanus glacialis, caligans)
och på andra sidan om Island träffas i detta haf icke något
beboeligt land, ty allt, som ligger längre bort, är täckt af
ogenomtränglig is och töcken.

Föreställningarne om den norra oceanen belysas ytter-
ligare af tvänne märkliga resor norrut, som Adam omtalar.
Den ena hade ej långt förut utförts af Haroldus, Nord-
mannernas »experientissimus princips.» Då denne, berättas
det, med sina skepp öfverfor den vidsträckta oceanen i norr,

---

i olikhet med *Kretschmer* (die Entd. s. 248) och *Bernard* s. 97, hos Or-
dericus Vitalis kunnat finna någon antydan om detta land. Det *Finlanda*
denne (Hist. Eccl. X c. 5) omtalar, är naturligtvis Finnmarken.

   [1] Klostret i Reichenau har en lista på genomresande pilgrimer
från 9:de till 11:te årh. hvaraf ett fyrtiotal är från Island (Hislant terra).
D. Geogr. Tidsk. Bd 10, s. 114.

såg han slutligen inför sina ögon den försvinnande verldens gräns och kunde' med knapp nöd återvända och undkomma afgrundens förfärliga svalg.» — Den andra berättelsen om frisernas nordpolsfäid, lyder så[1]: »Likaledes berättade mig ärkebiskop Adalbert, salig i åminnelse, att under hans företrädares tid några frisiska ädlingar seglat mot norden för att genomforska hafvet; friserna påstå nämligen, att mot norr från floden Wirrahas mynning icke påträffas något land, utan blott den omätliga oceanen. För att undersöka detta hade de ifrågavarande friserna edligt förbundit sig och afseglade gladt från den frisiska kusten. Därifrån foro de förbi på ena sidan Dania, på den andra Brittannia och framkommo till Orkaderna. Dessa lämnade de till venster under det att de till höger hade Nordmannia och kommo efter en lång färd till det ishöljda Island. Då de härifrån plöjde hafvet och styrde mot Nordens yttersta axel och bakom sig skådade alla öar, om hvilka vi förut talat, befallde de åt Gud och S:t Willehad sin vågsamma färd. Då kommo de plötsligt in i den stelnade Oceanens mörka dimslöja, som deras ögon knappast kunde genomtränga. Och se, då drog den upprörda Oceanens ström (instabili Oceani Euripus), i hvilken hafvets vatten strömmar tillbaka till sin källas hemlighetsfulla ursprung, de olycklige sjömännen, som voro förtviflade och blott väntade på döden, i rasande fart mot *chaos*, detta djupa underjordssvalg, hvari det äbbande hafvets strömmar sägas uppslukas och återigen strömma tillbaka, hvilket plägar kallas växande flod (fluktuatio crescens). Då de nu anropade Guds barmhärtighet, att han ville anamma deras själar, ryckte hafvets tillbakavikande ström några af kamraternas skepp bort, men de öfriga dref den återigen framvällande strömmen tillbaka långt ifrån de andra. Sålunda genom Guds hjälp räddade ur den öfverhängande faran, understödde de, roende med all kraft, strömningen.»

[1] *Adam* IV c. 38, 39, 40.

»Och då de nu», fortsätter berättelsen, »undkommit ur mörkrets och köldens land, kommo de oförmodadt till en ö, hvilken liksom en befästad stad omgafs af höga klippor. Då de där landstego för att bese landet, påträffade de människor, som vid middagstiden lågo gömda i underjordiska hålor; utanför låg en stor mängd kärl af guld och andra sällsynta och dyrbara metaller. De togo då med glädje af dessa skatter så mycket de kunde, och återvände skyndsamt till skeppen, men fingo plötsligt se bakom sig komma jättar, som de våra kalla Cykloper[1]. Framför dem sprungo stora hundar, som störtade fram och grepo en af kamraterna, hvilken ögonblickligen sönderslets. Men de andra kommo upp i skeppen och undkommo så faran. Jättarne förföljde dem, enligt hvad de berättade, med höga rop ända ut på hafvet. — Åtföljde af lycka kommo friserna åter till Bremen, hvarest de för ärkebiskop Alebrand förtalde allt detta och åt den fromme Krist och hans bekännare Willehad framburo tackoffer för sin lyckliga återkomst.»

Liksom alla dylika underbara sägner har äfven denna gifvit anledning till ännu underbarare hypoteser. Man har velat sträcka frisernas färd ända till Grönland eller Amerikas guldländer; ja en författare anser till och med på fullt allvar, att de omtalade friserna slagit ett upptäcktsrekord och öfver Nordpolen kommit till tschutscherhalfön eller möjligen ända till Kamschatka. De som ej vilja vara med om dylika konstigheter anse vanligen hela historien uppdiktad. Jag ser dock intet skäl att betvifla dess sanning, nämligen så till vida som några frisiska ädlingar efter en sjöfärd kommit till biskop Alebrand i Bremen, medförande dyrbara guldkärl, som de berättat sig på ofvan omtalade sätt hafva

---

[1] Det är att märka att Adam jämväl hos sina antika auktoriteter kunde finna anledning att här i norden förlägga ett dylikt släkte. *Solinus* (ed. Mommsen 96, 97) och andra omtala nämligen i närheten af de rhipeiska bergen de enögda *Arimasperna,* hvilkas land var uppfylldt med guld och ädelstenar.

öfverkommit. *Denna* historia är däremot naturligtvis uppdiktad, och det synes mig sannolikt, att Kohls[1] förmodan är riktig, att nämligen de nämda ädlingarne idkat sjöröfveri och plundring någonstädes och sedan ihopsatt historien för att för ärkebiskopen förklara åtkomsten af det hemförda bytet och förlusten af de säkerligen i strid slagna kamraterna. Berättelsen om att de edligen förbundit sig kan möjligen tyda på någon mindre hederlig afsikt med sjöfärden.

Däremot synes mig deras berättelse synnerligen viktig såsom ett vittnesbörd om, huru man vid denna tid tänkte sig hafvet i norr. Det synes mig nämligen tydligt, att historien ej kan vara ett foster af de ifrågavarande ädlingarnes fria fantasi, utan att de blott berättat sig själfva kommit till de underbara företeelser, som de gängse folkföreställningarne förlade i norr. Rydberg[2] har påpekat de i ögonen fallande likheter, som finnas mellan den omnämda historien och den germanska mytens föreställningar om Norden. Det omtalade djupa svalget anser han vara källan Hvergelmer, öfver hvilken är uppförd jättekvarnen, genom hvars kvarnstensöga oceanens vatten strömmar upp och ned, förorsakande malström, ebb och flod. Äfven berättelsen om de sofvande jättarne tror han vara af germanskt ursprung. Denna skulle nämligen vara samma sägen, som i olika former förekommer, dels hos Gregorius af Tours och Paulus Diaconus såsom sjusofvarhistorien,[3] dels senare hos Saxo, och den leder sitt upphof från myten om Miners söner, som ligga sofvande i Sindres sal, tills de af gjallarhornet väckas till gudarnes sista strid.

Att i alla händelser sägnerna om svalget i norr äro af

---

[1] *Kohl,* Die erste Deutsche Entdeckungsfahrt zum Nordpol (Peterm. Mitt. 1869 s. 11 ff.)

[2] *Viktor Rydberg,* Germansk mytologi I 527 ff.

[3] *Gregorius Turon.* Mirac. I 95. *Paulus Diaconus,* Hist. I c. 4. Att den hos Gregorius förekommande sjusofvarlegenden skulle vara af germanskt ursprung torde dock vara mycket tvifvelaktigt.

germanskt ursprung framgår förutom af Pauli Diaconi skildring jämväl af den ofvan anförda berättelsen om konung Haralds (Hårdråde) segelfärd mot norr, om hvilken man för öfrigt ej vet mera än Adam här omtalar. Möjligen kan den ha något sammanhang med hans utbredande af sitt välde till de Ripheiska bergen, hvarom Adam annorstädes berättar. Denna färd gälde väl Finnmarken i norr och konungen har under färden dit råkat ut för någon malström, som han då ansåg förorsakad af det i norr varande stora svalget[1].

Att föreställningen om ett sådant verkligen var i Norden gängse synes för öfrigt framgå af ett i en handskrift af Adam tillagdt skolion från det fjortonde århundradet, där det vid berättelsen om Haralds färd tillägges, att »detta ställe på deras språk kallas Ginmendegop» eller Ginnungagap[2].

X.

Slutord. — Kännedomen om Norden efter Adam af Bremen.

Adam af Bremen betecknar på visst sätt afslutningen af den äldre perioden af Medeltidens kosmografi, den tid, under hvilken man ännu så godt som uteslutande stod under påverkan af de senromerska kompilatorernas skrifter, hvilka i allmänhet voro lätta att tillegna sig och därför ej heller gåfvo upphof till något större fantasteri på alla områden, i likhet med hvad som under den följande tiden blef förhållandet. Likasom Adam kan sägas vara den siste, är han

---

[1] *Adam,* skol. 141. — Måhända kom Harald ända till Svjatoj Nos; den därvarande malströmmen omtalas vid år 1026. *Storm,* Om Opdagelsen af Nordkap (Archiv 93 s. 98). *Herberstein* omtalar denna malström såsom mycket farlig; somliga kalla den, tillägger han, *hafvets nafle* (se ofvan s. 29). *Major,* Notes upon Russia (Hakl. Soc.) II s. 106.

[2] *Storm,* Ginungagap (Arkiv f. nord. filol. VI 340 ff).

också utan gensägelse den förnämste af ifrågavarande periodens geografer. Han har ej blott till fullo tillegnat sig tidens vetande i den allmänna och säkerligen också i den speciella geografien, utan han visar också en sällsynt god urskillning och uppfattning af det karaktäristiska vid framställningen af de olika ländernas geografi. Hans förmåga att med få ord träffande skildra ett land är stundom rent af förvånande. Vi hafva förut påpekat t. ex. framställningen af Jutland och erinra nu blott om t. ex. Norge, det Baltiska hafvet, Vesterhafvet o. s. v. Han är också alldeles fri från den böjelse, som ofta utmärker Medeltidens författare, att servera sina läsare så underbara saker som möjligt. Berättelser, som kan anser fabelaktiga, förbigår han, hvilket ofta säkerligen är beklagligt för oss, men tydligen ådagalägger ett sundt och klart uppfattningssätt hos Adam.

Som vi ofvan antydt[1], inbröt kort efter Adam en ny period i Vesterlandets kulturhistoria. Från alla håll inströmmade nya impulser, från araberna, grekerna och Österlandet. Redan med Gerbert erhöll kosmografien åtskilligt nytt, men det är först mot slutet af 1000- och början af 1100-talet, som de nya idéerna börja genom öfversättningar och bearbetningar från araberna och grekerna vinna större terräng. Till och med Ptolemæus blir känd i Vesterlandet[2]. Under korstågen ökades allt mera idéutbytet mellan Öster- och Vesterlandet. En ny uppblomstring af vetenskapen på alla områden förberedes. De grekiska tänkarne, som ånyo uppträda i den Vesterländska kulturverlden, fingo i skolastikerna icke ovärdiga lärjungar och äfven inom naturvetenskaperna

[1] Se ofvan, kap. I.
[2] Det skedde genom arabernas förmedling. Ptolemæi Almagest öfversättes på 1100-talet på latin af Gerhard af Cremona (1114—1187) på kejsar Fredrik I:s föranstaltande. Jfr *Kretschmer*, Die Entdeckung. s. 81. Från grekiskan öfversattes Ptolemæus först af Jac. Angelos i början af 1400-talet.

och kosmografien möter man sådana storslagna företeelser som Albertus Magnus och Roger Baco.

Men i släptåg med dessa nya bildningselement följde äfven alla den Österländska fantasiens vilda och bizarra skapelser, och det var hufvudsakligen dessa, som särskildt under den första tiden, till föga båtnad för vetandet, vunno insteg i det allmänna föreställningssättet. Inom kosmografien uppträda en ändlös rad af sagans alla undervarelser[1] och undantränga allt verkligt vetande, och samtidigt gör sig den symboliska och mytiska uppfattningen af jorden och verlden i allmänhet allt för mycket gällande. I kartografien bli de allt sedan midten af 300-talet[2] stundom uppträdande s. k. T-kartorna hastigt mycket allmänna, och Jerusalem, medelpunkten för tidens religiösa tankeverld, förelägges med dogmatisk noggrannhet i den cirkelrunda kartans medelpunkt.[3]

Hvad särskildt angår kännedomen om Norden är det ej att förvåna, att äfven denna gick tillbaka, i all synnerhet som Adams geografiska arbete synes hafva varit jämförelsevis litet kändt under denna tid[4]. Otto af Freysing synes sålunda om Norden veta så godt som ingenting[5]. Föga mera vet Gervasius Tilburyensis, som, ehuru han t. ex. uppräknar de härvarande biskopsstiften, anser såväl Danmark som Sve-

---

[1] Se t. ex. den profkarta som finnes hos *Gervasius Tilburgensis* ed. Liebrecht, Hann. 1856. Den som gaf uppslaget till den nya riktningen på fabelväsende och dylikt var Gotfried från Viterbo under det tolfte århundradet. Att han tagit starka intryck af arabiska sagor torde vara ganska otvifvelaktigt. *Wattenbach* II 290—98.

[2] De möta först i en »expositio totius mundi» af år 353. *Müller*, Geographi Græci minores II 513. Sedan upptagas de af Augustinus och Orosius. *Peschel-Ruges* (s. 102) uppgift, att tredelningen härleder sig från Augustinus är således ej fullt riktig.

[3] Jerusalem förlades i medelpunkten allra först af Moses af Chorene. *Richthofen*, China I s. 628. *Gervasius*, Otia Imperialia c. X.

[4] Se *Lappenberg*, Archiv VI s. 827 ff. *Wattenbach*, D. G. II s. 78 ff.

[5] *Otto v. Freising*, Chron. VII c. 2.

rige och Norge för öar[1], en föreställning, som i allmänhet fortlefde fram emot slutet af Medeltiden.

Det fanns dock några, som hade något litet bättre reda på Norden. Och man träffar stundom en och annan notis eller en karta, som visar, att man verkligen visste mera om Norden än de torftiga kosmografierna synas gifva vid handen, men någon mera detaljerad redogörelse för de nordiska länderna träffar man ej på länge i litteraturen på fastlandet.

Däremot finner man i *England* under det tolfte och trettonde århundradet en långt fullständigare kännedom om Norden. Här funnos under denna och den följande tiden en hel mängd, delvis mycket betydande geografer[2], bland hvilka vi nämna den bekante Mattheus Parisiensis, som bland annat gjort en för sin tid mycket förträfflig karta öfver England[3]. Vi skola emellertid ej något närmare härpå ingå, utan endast till slut något litet redogöra för innehållet i det geografiska arbete, som måhända utförligast af alla äldre sådana talar om den skandinaviska Norden och Östersjöländerna i allmänhet. Det är en ännu outgifven »Geographia Univer-

---

[1] *Gervasius Tilb.*, Otia Imperialia (ed. Leibnitz, Ss. rer. Brunsv. s. 912). Delvis finnes Gervasii arbete utgifvet hos den nyssnämde Liebrecht samt af Stevenson i S. R. B. 66, s. 417 ff.

[2] Se *Miller*, III 68—94. Flere af dem finnas tryckta i S. R. Britt. — *Ordericus Vitalis* (ed. Migne) känner också något litet om Norden. Han omtalar t. ex. (lib. X c. 5) sex städer i Norge (Copenga, Berga, Alsa, Burgus, Turesberga och Cuneghella) samt öarne *Islanda* och *Grenelanda* samt Finlanda, hvarmed afses Finland eller Finnmarken.

[3] *Mattheus Parisiensis* har för oss ett alldeles särskildt intresse, då han själf en längre tid vistats i Norge — han var ditsänd för att återställa klostertukten i klostret Munkholmen vid Throndhjem — och han lemnar oss också flera intressanta underrättelser om därvarande förhållanden och händelser. Så berättar han t. ex. om staden Bergens brand 1249 m. m. Märklig är hans berättelse, om att påfven under striden med Stauferna *ville göra konung Håkan till kejsare,* hvilket denne emellertid synes hafva afböjt. *Mattheus Paris.* Chron. Maj. (S. R. B. 57) VI s. 458 ff., V. s. 35, 201.

12

178

salis» ett slags geografiskt lexikon från 1200-talet af en anonym författare[1].

Geographia Universalis omnämner *Dacia,* som gränsar till Tyskland. Det består af många provinser och öar. Det är väl befolkadt, innevånarne äro resliga och vackra, tappra och fromma[2].

Svecias område skildras som fruktbart och betesrikt, ehuru det saknar vin. Det är bebodt af ett starkt och härdadt folk (gens valida et robusta), från hvilket enligt Isidor Amazonerna utgingo.

Gothia, som troligen fått sitt namn af Jafets son Magog, är ett mycket vidsträckt land. Det gränsar i *norr* till Norwegia och Dacia men omgifves på öfriga sidor af Oceanen. Detta land har äfven en ö, som heter *Gothlandia,* hvilken fått sitt namn af Goterna, som fordom bebott densamma. Ön är fruktbar och betesrik, rik på vatten och fisk, samt framför allt en viktig handelsort; ity att till denna ö föras från de andra länderna alla slags varor, som sedermera sändas öfver hafvet till Germania, Gallia, Brittannia och Hispania.

Norwegia är också ett mycket stort land. Det omgifves nästan på alla håll af vatten. Det sträcker sig långt emot norr och gränsar intill Gothernas länder. Från dessa skiljes det af en flod som kallas Alba (Göta elf). Det är ett vildt och skogigt bergland (asperrima, montuosa, nemorosa). Dess innevånare lefva mera af jagt och fiske än af åkerbruk. Här blir nämligen sällan någon skörd för den starka köldens skull, och vin och olja måste man införa. Här finnas många vilda djur, hvita björnar och bäfrar. I detta land finnas ock många märkvärdiga och vidunderliga ting. Här finnas nämligen källor, som ha den egenskapen att förvandla trä, som i dem nedkastas, till sten. Om som-

---

[1] Den finnes delvis tryckt som anmärkningar i editionerna af Higden och Eulog. Hist. i Scriptores Rerum Britannicarum (9, II; 41, I).

[2] »Danimarchia, insula maris rerum et maxime hominum fertilitate fecunda» säger Matth. Vestm. *Steenstrup* I 221.

maren synes solen gå ned i norr; om vintern synes den
däremot ej alls, hvadan landets innevånare vid denna tid
arbeta vid ljus. Folket är mycket högväxt, starkt och mo-
digt. Det idkar stundom sjöröfveri. — Landet har i öster
Gallacia (Hallandia?), i söder Dacia och Gothia, i vester
Hibernia och den Britanniska oceanen samt i norr Island,
där hafvet är fruset (congelatur).

Island är Europas yttersta land, beläget bakom (ultra)
Norwegia. Det har i öster Scytia superior, i söder Nor-
wegia, i vester Oceanus Hibernicus och i norr Ishafvet
(mare congelatum). Det kallas Island, emedan här snön
säges vara sammanfrusen till isens hårdhet. — Här påträffas
kristaller i stor mängd. Här finnas också hvita björnar, som
äro mycket vilda (ferocissimi). Landet är mycket ofruktbart
om man undantager några dalsträckningar, i hvilka hafre
och gräs växer. Följaktligen lefver hela folket af jakt och
fiske och äter hufvudsakligen kött. Får kunna för den
starka .kölden ej lefva här, hvarföre landets innevånare
skydda sig mot kölden med kläder af skinn af björnar och
andra vilddjur, som de döda på jakten; några andra kläder
hafva de ej. Innevånarne äro storväxta och härdade och
mycket begifna på jakt och fiske.

Författaren af Geographia Universalis omnämner också,
som ofvan påpekats, ett Vinland, men att detta ej kan vara
Vinland det goda ser man ögonblickligen af hans skildring.
»*Winlandia*», säger han, »är ett land, som i öster gränsar
intill Norwegias berg. Det ligger vid Oceanens kust och
är ej fruktbart, men bevuxet med gräs och skogar. Folket
är rått och barbariskt och hängifvet åt magiska konster.
Särskildt omtalas deras förmåga att kunna frambesvärja
vind. De göra nämligen ett nystan af en tråd, på hvilken
de ha slagit en mängd knutar. Om man nu vill ha vind
så upplöser man en eller flera af dessa, allt eftersom man
vill ha stark eller svag. Dessa nystan sälja de åt sjömännen,

som vid .deras kuster uppehållas af vindstilla; dock bringar trolltyget köparne ofta i olycka.

Det är tydligt, att det Vinland, som här omtalas, är den norska Finnmarken, om hvars trollkunniga innevånare som vi sett redan Adam talar; sedermera omtalas lapparnes trolldomskonster ej sällan och hos Ziegler förekommer nästan fullständigt samma beskrifning öfver deras sätt att frambesvärja vind[1].

För öfrigt må påpekas,. att författaren till Geographia Universalis i likhet med Adam af Bremen förlägger Island norr om Norge. I olikhet med denne identifierar han det emellertid *icke med Thule.* —

Äfven beträffande de öster om Östersjön belägna länderna känner författaren af Geographia åtskilligt. Så omtalar han t. ex. Lectonia, Livonia och Vironia, och ger äfven ett par korta men karaktäristiska skildringar af dessa länders natur, skildringar, som ådagalägga, att författaren äfven om dessa trakter varit ganska. väl underrättad.

Geographia Universalis blef under den följande tiden i England ganska mycket använd, och de underrättelser, som såväl Ranulphus Higden som författaren af Eulogium Historiarum på 1300-talet lämna oss om Norden äro till en stor del så godt som alldeles ordagrannt hämtade från densamma.

Från denna tid ser man emellertid dels i kosmografier och dels på kartor, såsom exempelvis Dulcerts karta af år 1339[2], att kännedomen om Norden allt mer ökades, och flere omständigheter såsom t. ex. italienaren Quirini resa[3] och Claudius Clavus' karta[4] spridde kunskapen allt allmännare bland Europas lärde och bildade i allmänhet; och

---

[1] Se *Ahlenius* Olaus Magnus s. 374.

[2] *Nordenskiöld* Fac simile Atlas s. 47.

[3] *Ramusio*, Navigationi II. På svenska delvis återgifven i Ill. Sv. Hist. II., s. 168 ff. samt (mycket dåligt efter Eyriès franska öfversättning) i *Paban*, Äfventyrliga skeppsbrott, Sthlm 1859.

[4] Jfr *Storm*, Claudius Clavus (Ymer 1889—91).

på 1400-talet visste man om Norden åtskilligt mera än hvad mäster Adam kände. Dock visar ännu en sådan man som Aeneas Sylvius om Nordens geografi såväl som om dess historia en i ögonen fallande okunnighet, så mycket mera förvånande, som han själf besökt ej blott de Brittiska öarne, utan äfven ett af de skandinaviska landen, nämligen Norge[1]. Att detta land hängde tillsammans med Ryssland, därpå hade han visserligen reda, men ansåg icke desto mindre, att Sverige var en ö[2]. Dylika förvirrade uppfattningar voro för öfrigt denna tid ej ovanliga, och först Zieglers och Olai Magni arbeten undanröjde för alltid de groft oriktiga föreställningar man i det öfriga Europa i allmänhet gjorde sig om de skandinaviska länderna och om Norden öfverhufvud.

---

[1] Denna intressanta uppgift har jag ur *Sigismundi Titii* Historiarum Senensium (Aeneas Silvii opera inedita, Rom 1883 s. 25 ff.): »Aeneas sändes till konungen af Skotland — — men blef vinddrifven till Norwegia, en *ö*, hvars omkrets, läge och seder han sedermera beskref, alldenstund den är den yttersta af alla öar, som Oceanen kringflyter. Då han här ville fullgöra ett löfte som han gifvit för sin salighet, att barfota gå på is, ådrog han sig häraf sin sjukdom i fötterna» — —

[2] *Aeneas Sylvius* Descriptio Europæ c. 33.

Rättelser.

Sid. 2, r. 18 uppifr. står: *Marcrobii,* läs: *Macrobii.*
» 13, » 16 » » solen » sin axel,
» 21, » 3 nedifr. » som — tro utgår.
» 45, » 7 » » Martanus läs: Martianus.
» 54, » 4 » » louis » locis.
» » » 3 » » oliasque aut septew läs: alias quinque aut septem
» 56, » 5 » » Miraccla » Miracula.
» 59, » 6 » » 1887 » 1880.
» 119, sista r. tillägges: *Geijer,* S. F. H. s. 82 ff.

Lightning Source UK Ltd.
Milton Keynes UK
UKOW04f1058030417

298199UK00002B/218/P

9 781287 511786